MADAULE

Givrés!

Carrément l'intégrale

VOLUME 1

1

Merci à Patrick Pinchart qui à permis l'entrée des Givrés dans le journal de Spirou, et qui est à l'origine de cette intégrale.

Merci à toute la rédaction de Spirou pour sa confiance dans les Givrés.

Madaule

Cette intégrale rassemble les gags des « Givrés » réalisés en solo par Bruno Madaule.

http://www.facebook.com/sandawe - http://www.facebook.com/BD-Sandawe-Les-Givrés

© Bruno Madaule, 2016.
http://www.sandawe.com
contact@sandawe.com

Dépôt légal : mars 2016 ; D/2016/12.351/16
ISBN 978-2-39014-131-0
Première édition.
Mise en page : Jean-Baptiste Merle

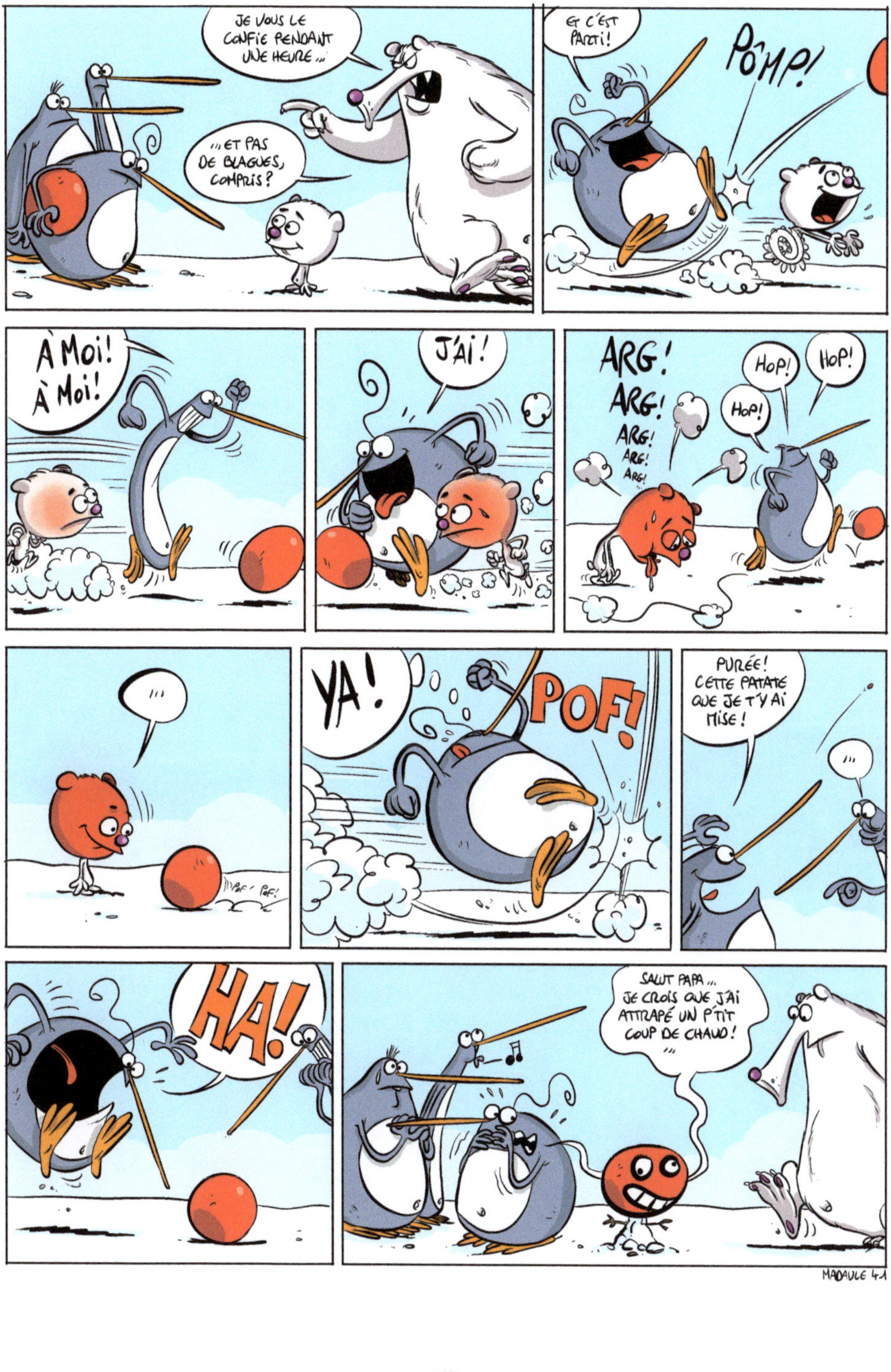

JE VOUS LE CONFIE PENDANT UNE HEURE...
...ET PAS DE BLAGUES, COMPRIS?
ET C'EST PARTI!
PÔMP!
À MOI! À MOI!
J'AI!
ARG! ARG! ARG! ARG! ARG!
HOP!
HOP!
HOP!
...
YA!
POF!
PURÉE! CETTE PATATE QUE JE T'Y AI MISE!
...
HA!
SALUT PAPA... JE CROIS QUE J'AI ATTRAPÉ UN P'TIT COUP DE CHAUD!
MADAULE 41

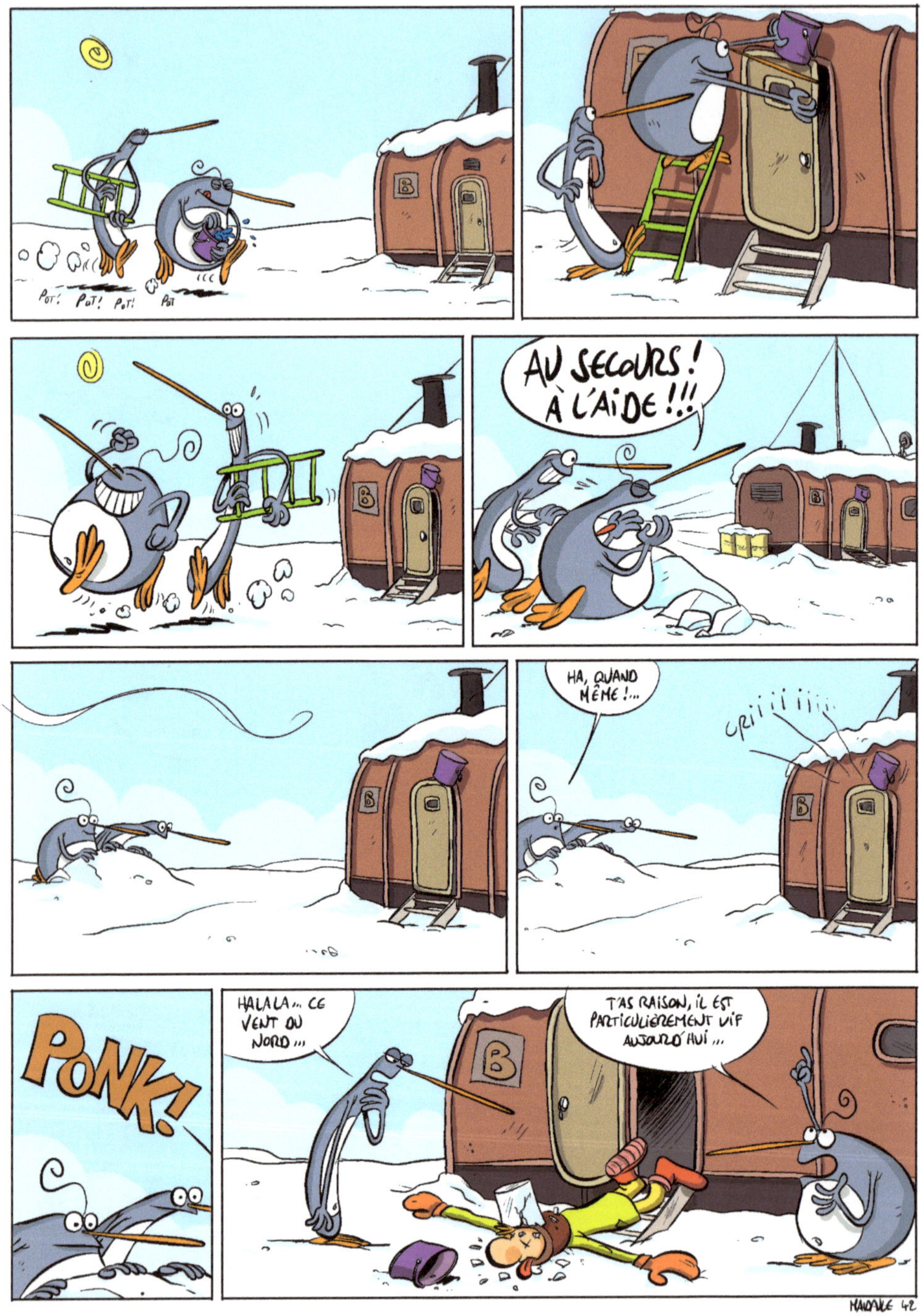
POT! POT! POT! POT
AU SECOURS ! À L'AIDE !!!
HA, QUAND MÊME !...
CRIiiiiii
PONK!
HALALA... CE VENT DU NORD...
T'AS RAISON, IL EST PARTICULIÈREMENT VIF AUJOURD'HUI...
MAUDALE 42

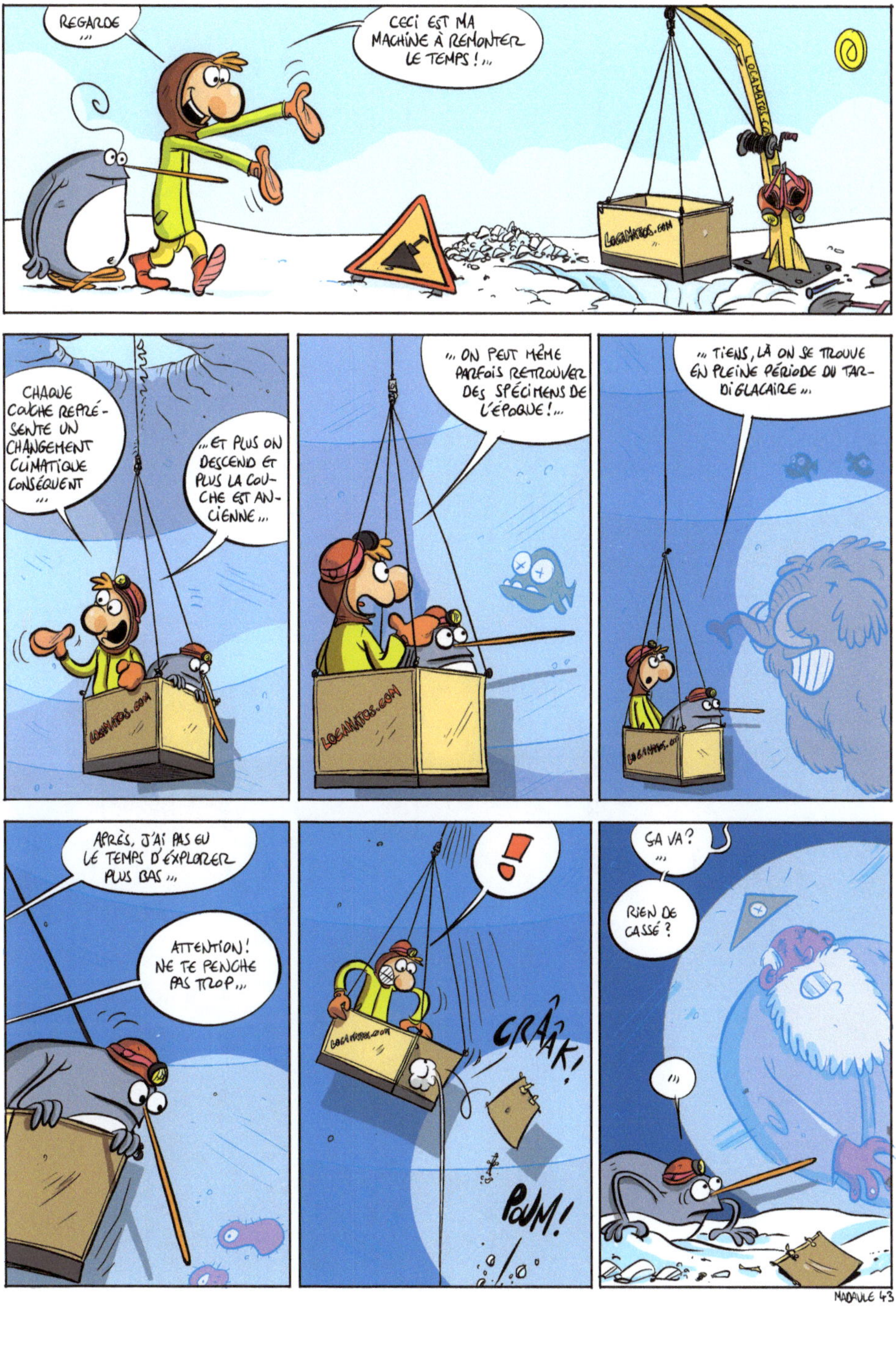
REGARDE ...
CECI EST MA MACHINE À REMONTER LE TEMPS ! ...
LOCAMATOS.COM
CHAQUE COUCHE REPRÉSENTE UN CHANGEMENT CLIMATIQUE CONSÉQUENT ...
... ET PLUS ON DESCEND ET PLUS LA COUCHE EST ANCIENNE ...
LOCAMATOS.COM
... ON PEUT MÊME PARFOIS RETROUVER DES SPÉCIMENS DE L'ÉPOQUE ! ...
LOCAMATOS.COM
... TIENS, LÀ ON SE TROUVE EN PLEINE PÉRIODE DU TARDIGLACAIRE ...
APRÈS, J'AI PAS EU LE TEMPS D'EXPLORER PLUS BAS ...
ATTENTION ! NE TE PENCHE PAS TROP ...
!
LOCAMATOS.COM
CRÂÂK !
POUM !
ÇA VA ? ...
RIEN DE CASSÉ ?
...
MADAULE 43

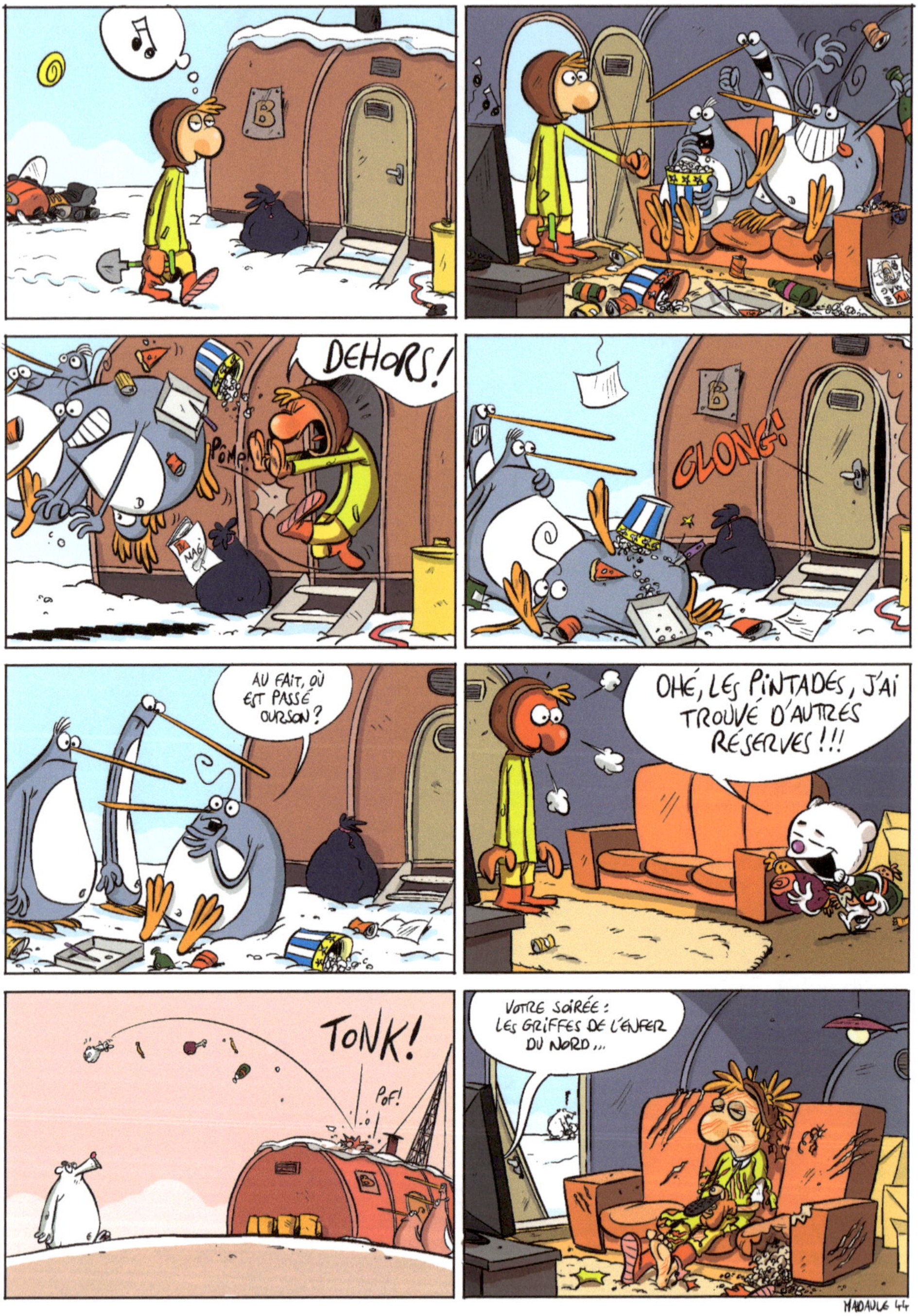
DEHORS!
POMP!
CLONG!
AU FAIT, OÙ EST PASSÉ OURSON?
OHÉ, LES PINTADES, J'AI TROUVÉ D'AUTRES RÉSERVES !!!
TONK!
POF!
VOTRE SOIRÉE : LES GRIFFES DE L'ENFER DU NORD...

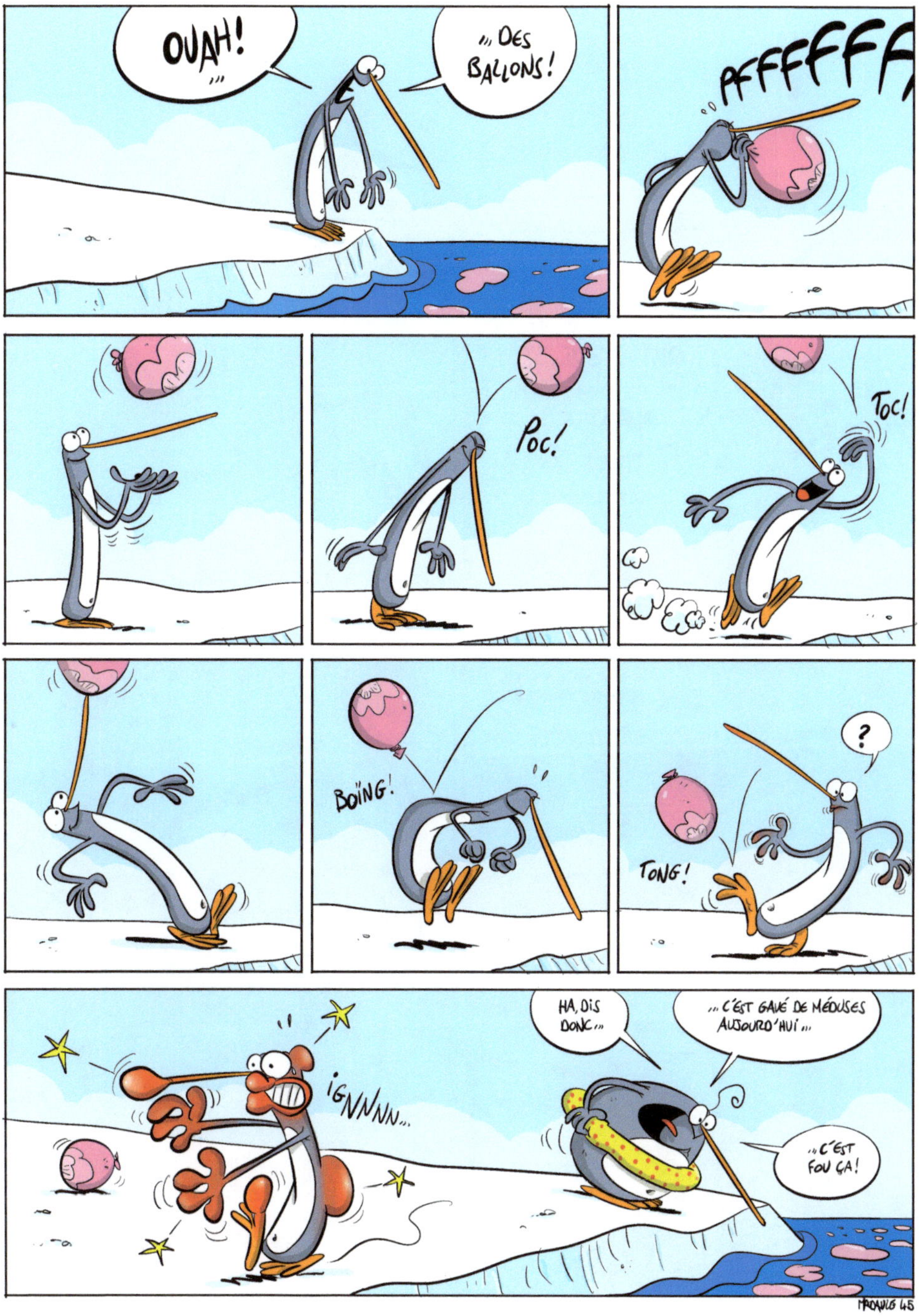
OUAH! ...
... DES BALLONS!
PFFFFFF
POC!
TOC!
BOÏNG!
?
TONG!
IGNNNN...
HA, DIS DONC...
... C'EST GAVÉ DE MÉDUSES AUJOURD'HUI...
... C'EST FOU ÇA!

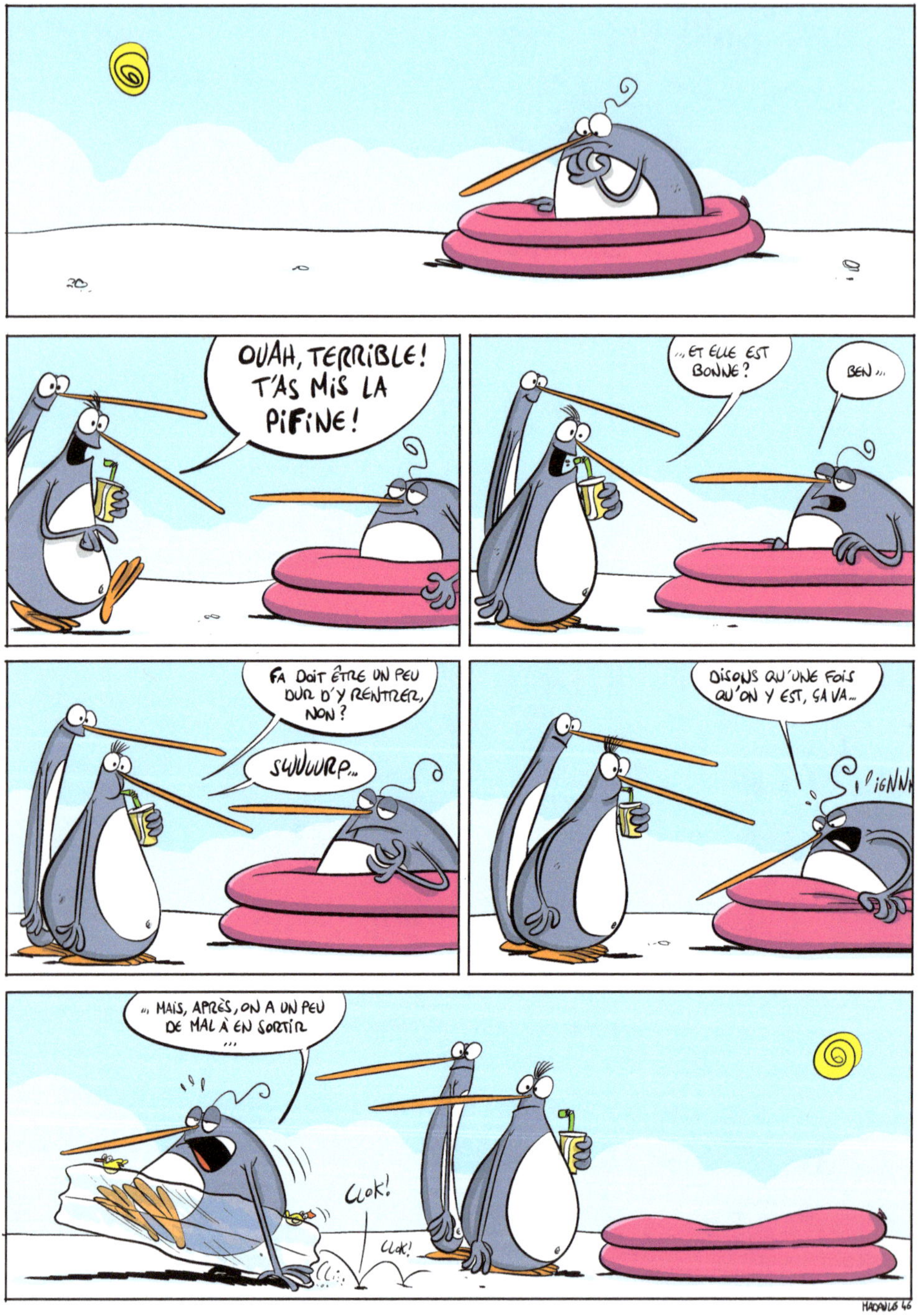

OUAH, TERRIBLE ! T'AS MIS LA PIFINE !
... ET ELLE EST BONNE ?
BEN ...
ÇA DOIT ÊTRE UN PEU DUR D'Y RENTRER, NON ?
SWUUURP...
DISONS QU'UNE FOIS QU'ON Y EST, ÇA VA...
IGNNN
... MAIS, APRÈS, ON A UN PEU DE MAL À EN SORTIR ...
CLOK !
CLOK !

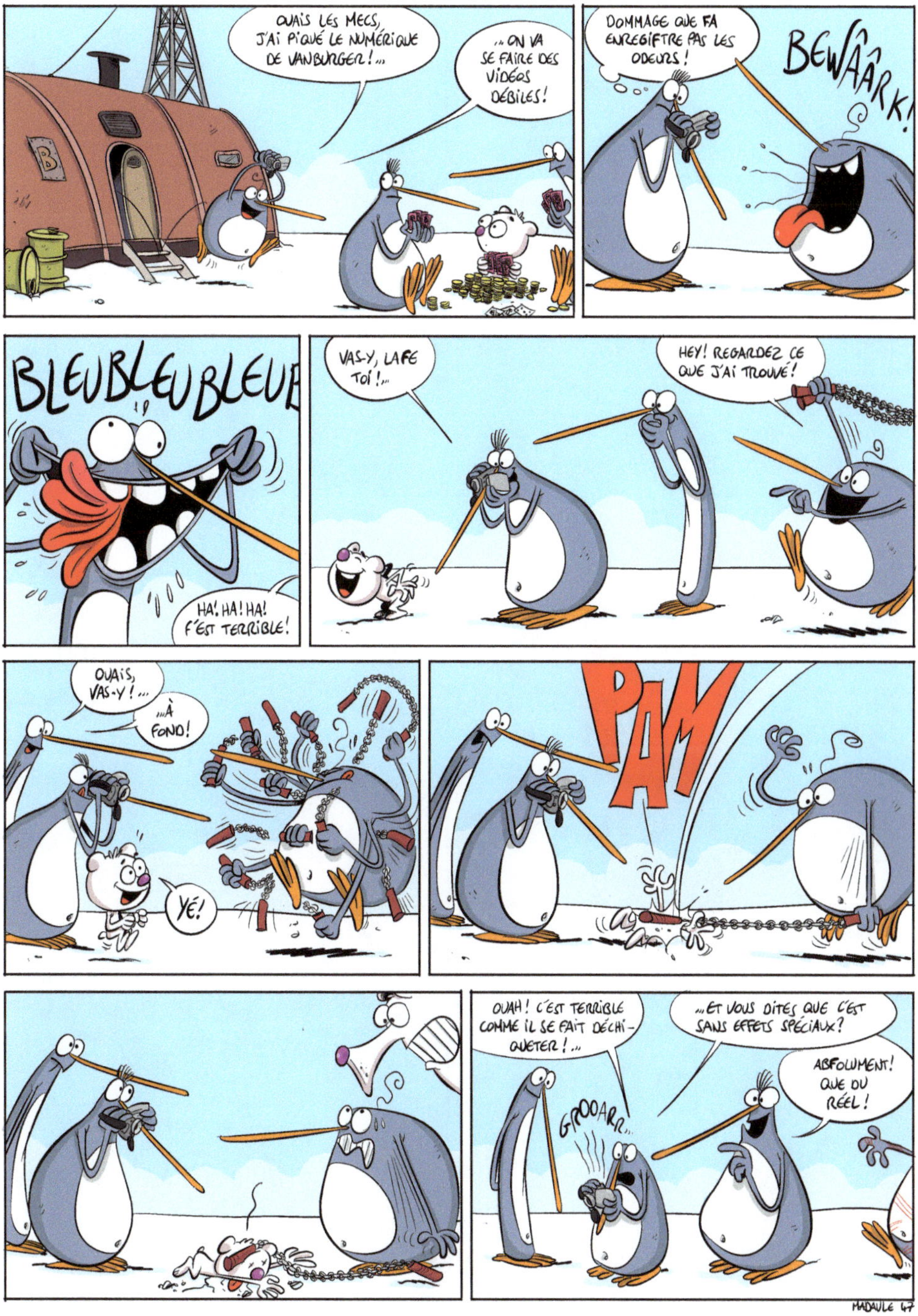
OUAIS LES MECS, J'AI PIQUÉ LE NUMÉRIQUE DE VANBURGER !...
...ON VA SE FAIRE DES VIDÉOS DÉBILES !
DOMMAGE QUE FA ENREGIFTRE PAS LES ODEURS !
BEWÂÂRK !
BLEUBLEUBLEUE
HA ! HA ! HA ! F'EST TERRIBLE !
VAS-Y, LAFE TOI !...
HEY ! REGARDEZ CE QUE J'AI TROUVÉ !
OUAIS, VAS-Y !...
...À FOND !
YÉ !
PAM
OUAH ! C'EST TERRIBLE COMME IL SE FAIT DÉCHIQUETER !...
...ET VOUS DITES QUE C'EST SANS EFFETS SPÉCIAUX ?
GROOARR...
ABFOLUMENT ! QUE DU RÉEL !
MADAULE 47

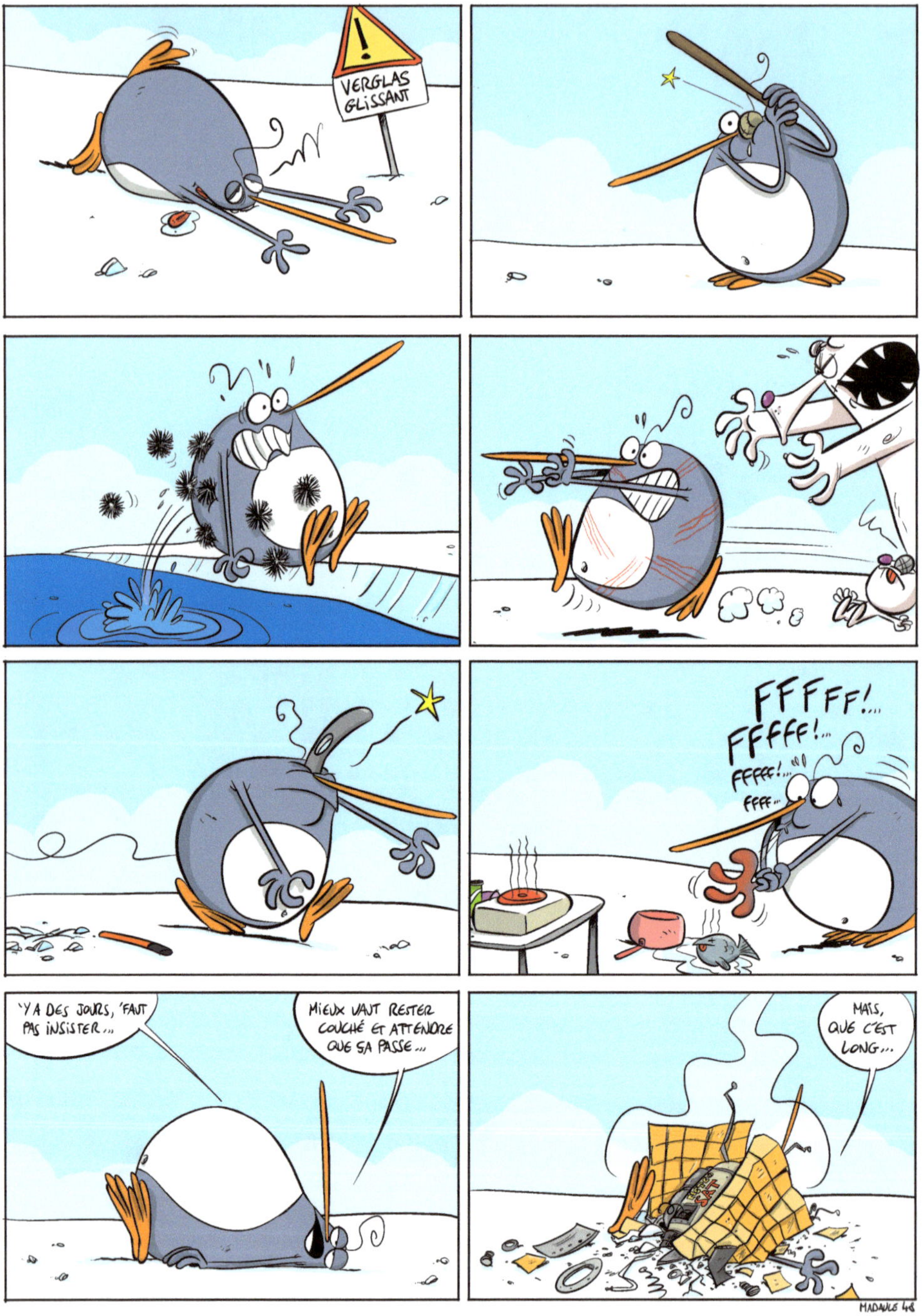
VERGLAS GLISSANT
FFFFFF!...
FFFFF!...
FFFFF!...
FFFF...
'Y A DES JOURS, 'FAUT PAS INSISTER...
MIEUX VAUT RESTER COUCHÉ ET ATTENDRE QUE ÇA PASSE...
MAIS, QUE C'EST LONG...
MADAULE 48

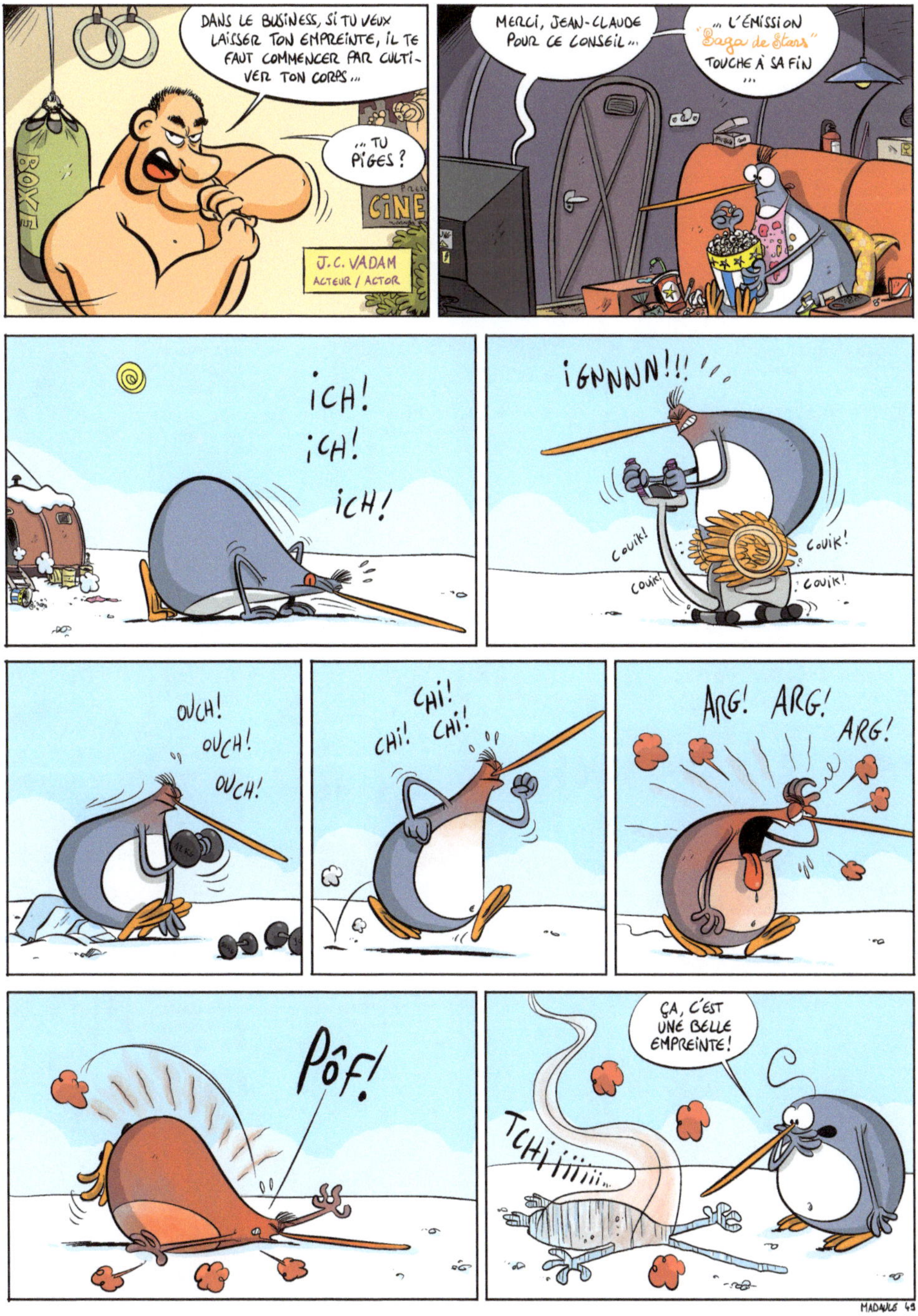
BOXE
DANS LE BUSINESS, SI TU VEUX LAISSER TON EMPREINTE, IL TE FAUT COMMENCER PAR CULTIVER TON CORPS...
... TU PIGES ?
CINE
J.C. VADAM
ACTEUR / ACTOR
MERCI, JEAN-CLAUDE POUR CE CONSEIL...
... L'ÉMISSION "Saga de Stars" TOUCHE À SA FIN ...
ICH! ICH! ICH!
IGNNNN!!!
COUIK! COUIK! COUIK! COUIK!
OUCH! OUCH! OUCH!
CHI! CHI! CHI!
ARG! ARG! ARG!
PÔF!
TCHIIIIII...
ÇA, C'EST UNE BELLE EMPREINTE!
MADAULE 49

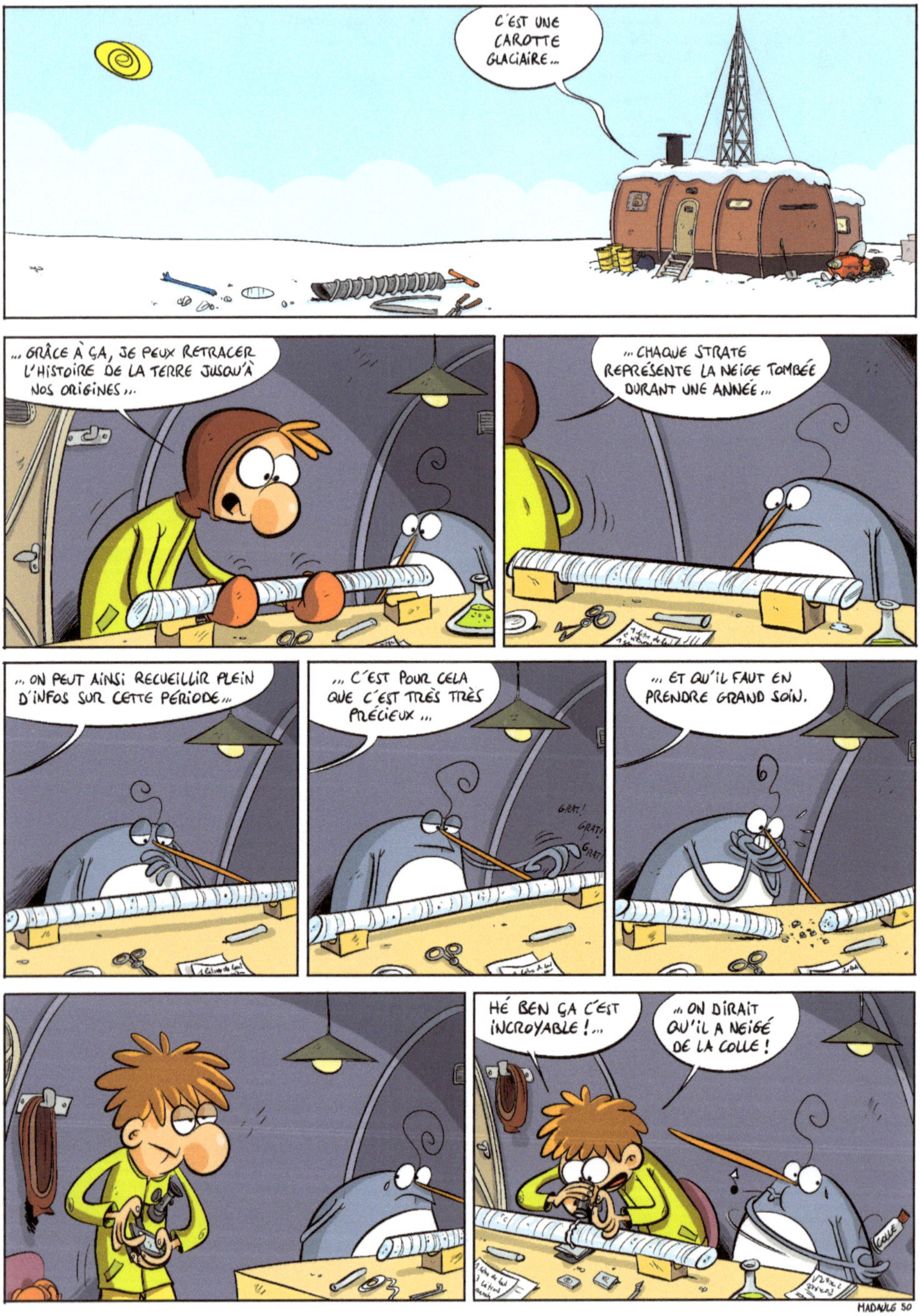
C'EST UNE CAROTTE GLACIAIRE...
... GRÂCE À ÇA, JE PEUX RETRACER L'HISTOIRE DE LA TERRE JUSQU'À NOS ORIGINES...
... CHAQUE STRATE REPRÉSENTE LA NEIGE TOMBÉE DURANT UNE ANNÉE...
... ON PEUT AINSI RECUEILLIR PLEIN D'INFOS SUR CETTE PÉRIODE...
... C'EST POUR CELA QUE C'EST TRÈS TRÈS PRÉCIEUX...
GRAT! GRAT! GRAT!
... ET QU'IL FAUT EN PRENDRE GRAND SOIN.
HÉ BEN ÇA C'EST INCROYABLE!...
... ON DIRAIT QU'IL A NEIGÉ DE LA COLLE!
COLLE
MADAULE 50

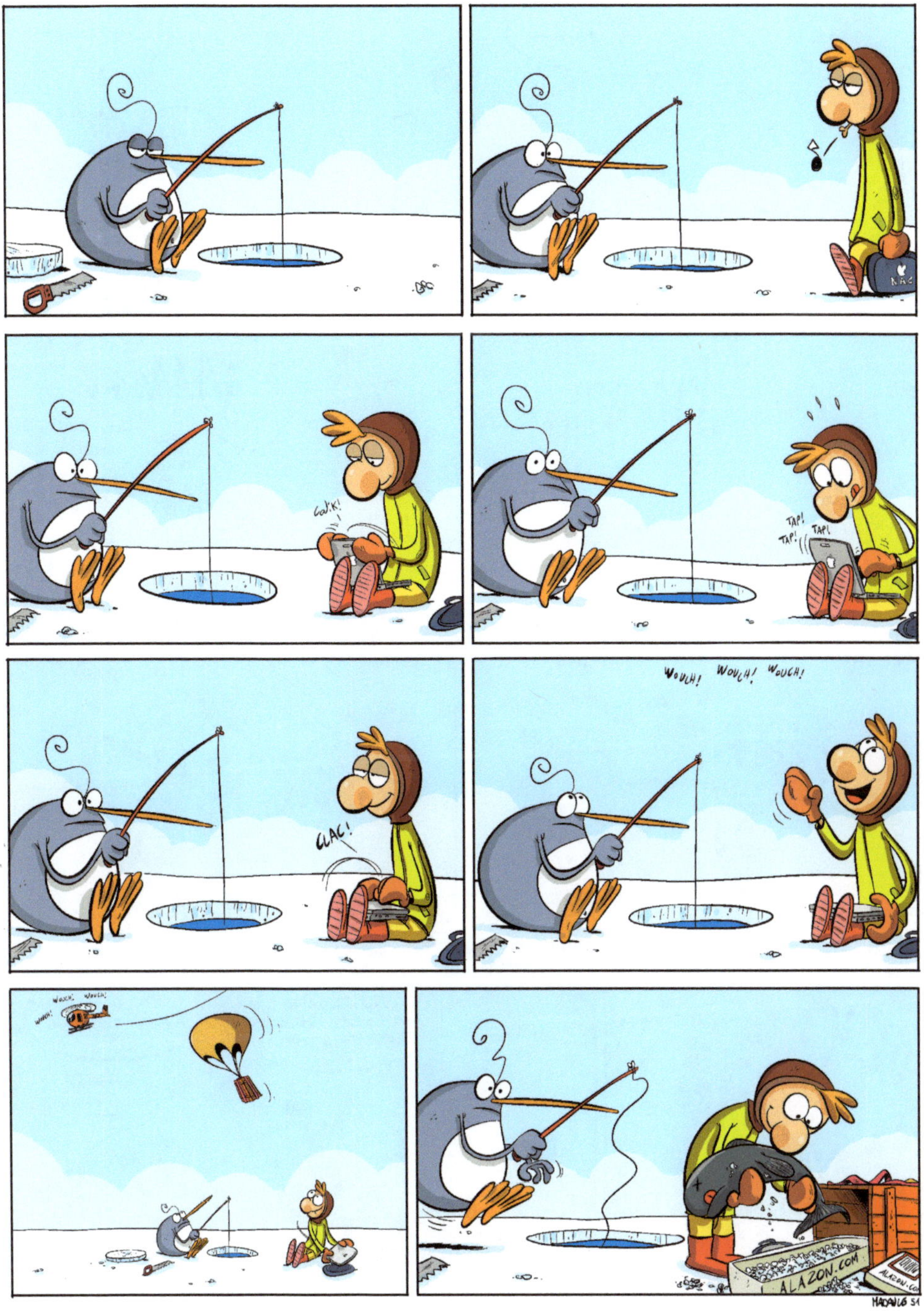
MAC
CLIK!
TAP!
TAP!
TAP!
CLAC!
WOUCH! WOUCH! WOUCH!
ALAZON.COM
ALAZON.COM

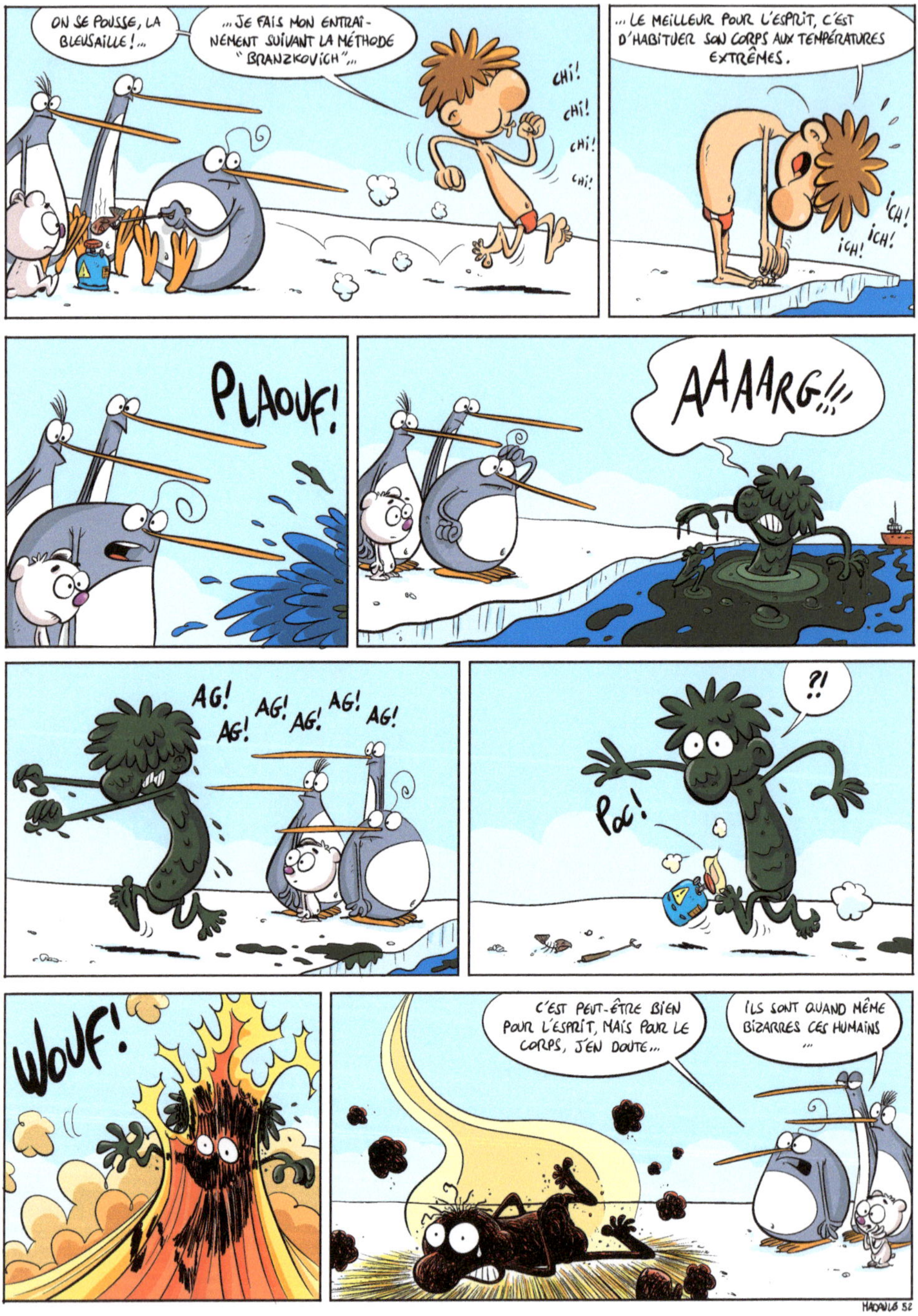
ON SE POUSSE, LA BLEUSAILLE !...
... JE FAIS MON ENTRAÎNEMENT SUIVANT LA MÉTHODE "BRANZKOVICH"...
CHI! CHI! CHI! CHI!
... LE MEILLEUR POUR L'ESPRIT, C'EST D'HABITUER SON CORPS AUX TEMPÉRATURES EXTRÊMES.
ICH! ICH! ICH!
PLAOUF!
AAAARG!!!
AG! AG! AG! AG! AG! AG!
?!
POC!
WOUF!
C'EST PEUT-ÊTRE BIEN POUR L'ESPRIT, MAIS POUR LE CORPS, J'EN DOUTE...
ILS SONT QUAND MÊME BIZARRES CES HUMAINS ...
MADAULE 52

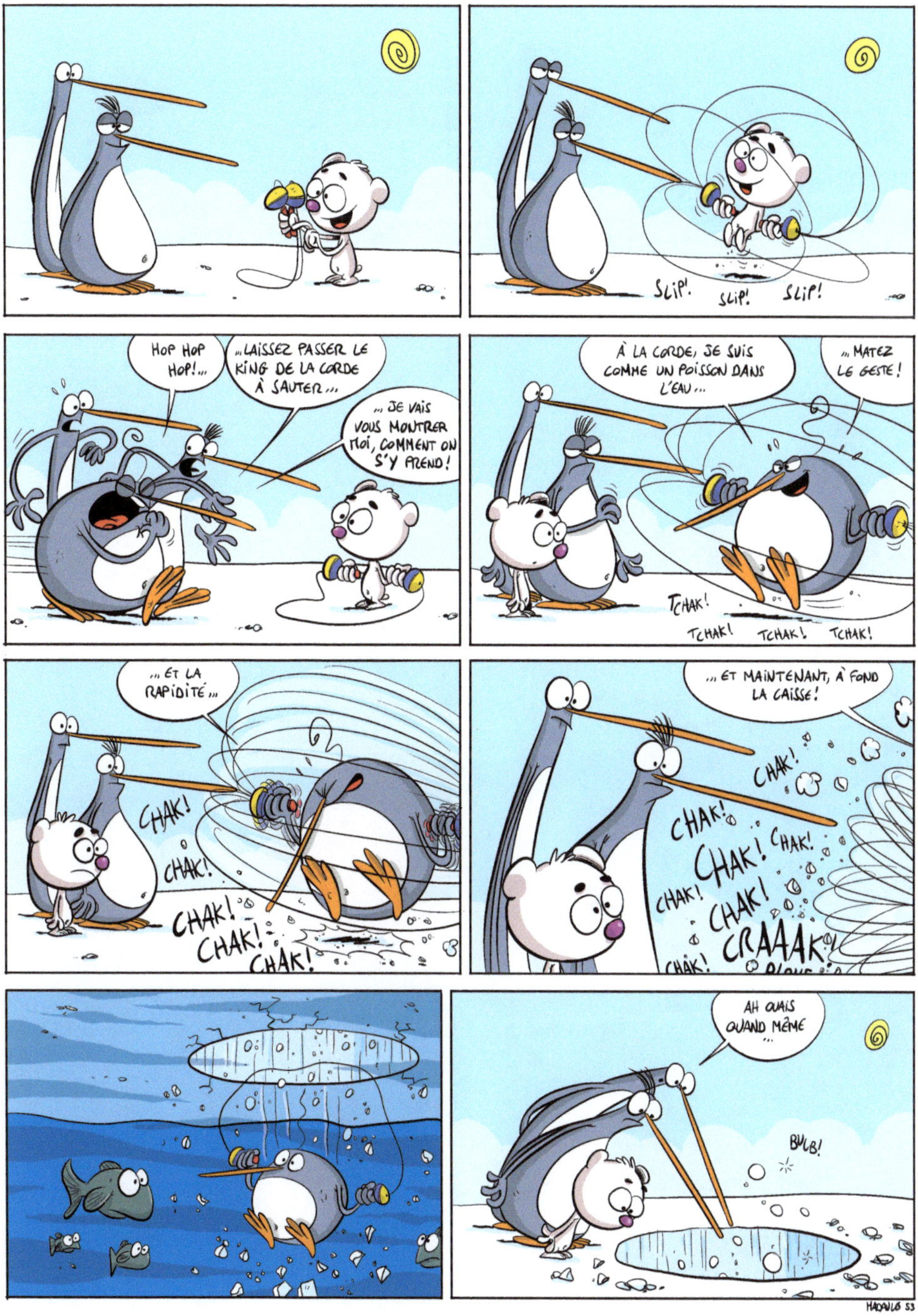
SLIP!
SLIP!
SLIP!
HOP HOP HOP!...
...LAISSEZ PASSER LE KING DE LA CORDE À SAUTER...
... JE VAIS VOUS MONTRER MOI, COMMENT ON S'Y PREND!
À LA CORDE, JE SUIS COMME UN POISSON DANS L'EAU...
... MATEZ LE GESTE!
TCHAK!
TCHAK!
TCHAK!
TCHAK!
... ET LA RAPIDITÉ...
CHAK!
CHAK!
CHAK!
CHAK!
CHAK!
... ET MAINTENANT, À FOND LA CAISSE!
CHAK!
CHAK!
CHAK!
CHAK!
CHAK!
CHAK!
CRAAAK!
CHAK!
AH OUAIS QUAND MÊME ...
BULB!

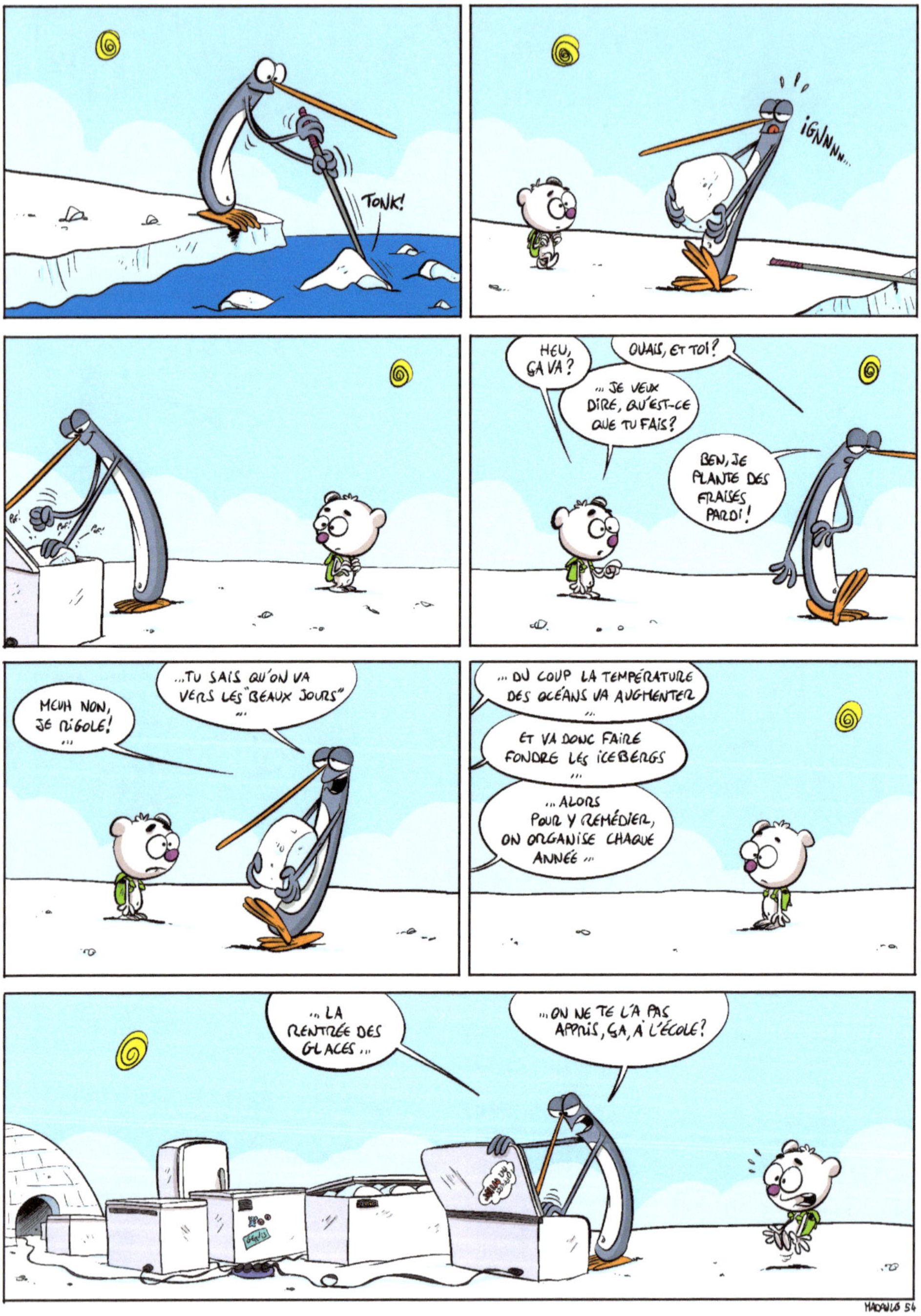

TONK!
iGNNNN...
HEU, ÇA VA ?
OUAIS, ET TOI ?
... JE VEUX DIRE, QU'EST-CE QUE TU FAIS ?
BEN, JE PLANTE DES FRAISES PARDI !
MEUH NON, JE RIGOLE ! ...
...TU SAIS QU'ON VA VERS LES "BEAUX JOURS" ...
... DU COUP LA TEMPÉRATURE DES OCÉANS VA AUGMENTER ...
ET VA DONC FAIRE FONDRE LES ICEBERGS ...
... ALORS POUR Y REMÉDIER, ON ORGANISE CHAQUE ANNÉE ...
... LA RENTRÉE DES GLACES ...
... ON NE TE L'A PAS APPRIS, ÇA, À L'ÉCOLE ?

MADAULO 54

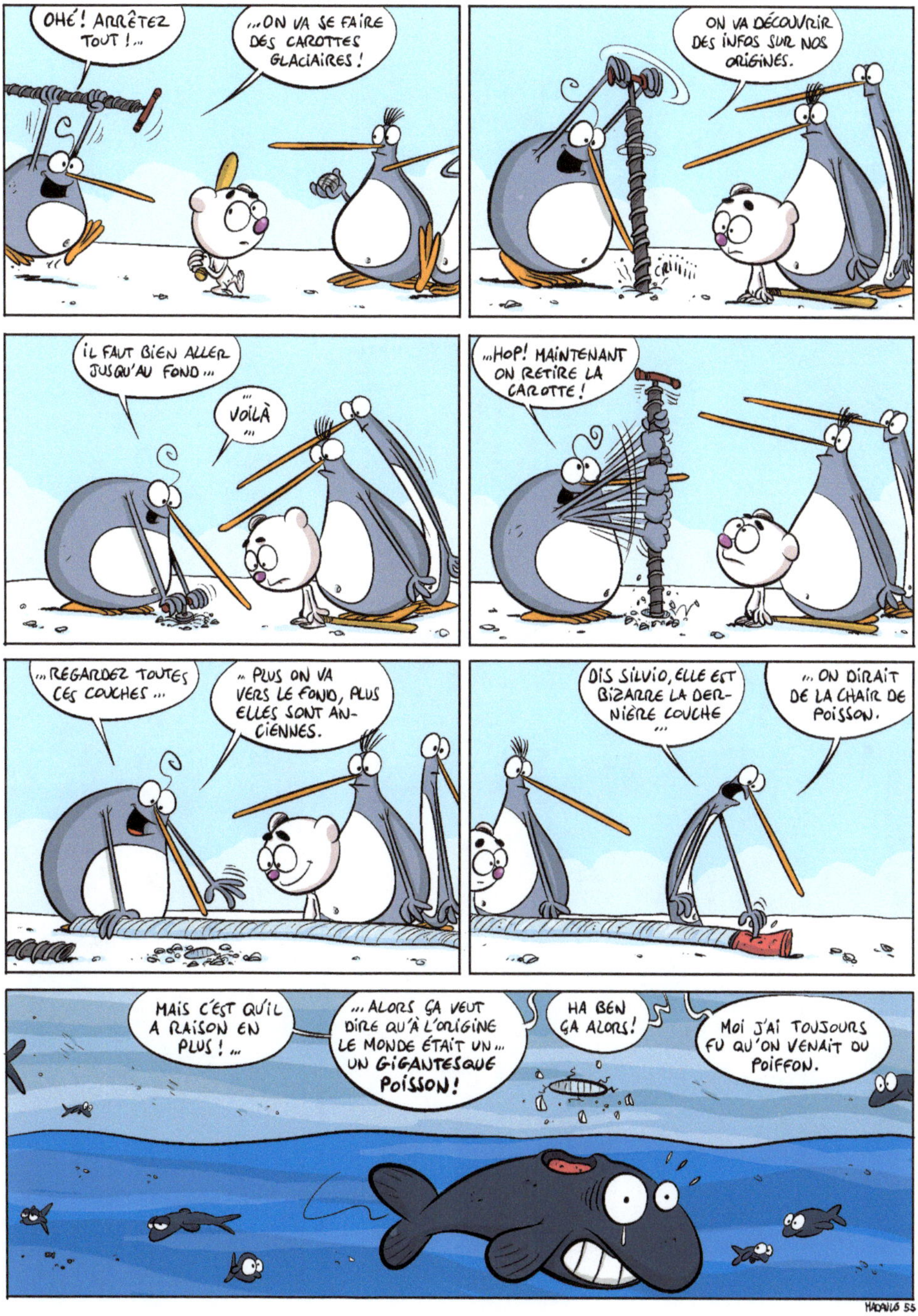
OHÉ ! ARRÊTEZ TOUT !...
...ON VA SE FAIRE DES CAROTTES GLACIAIRES !
ON VA DÉCOUVRIR DES INFOS SUR NOS ORIGINES.
CRIIIII
IL FAUT BIEN ALLER JUSQU'AU FOND...
... VOILÀ ...
...HOP ! MAINTENANT ON RETIRE LA CAROTTE !
...REGARDEZ TOUTES CES COUCHES...
... PLUS ON VA VERS LE FOND, PLUS ELLES SONT ANCIENNES.
DIS SILVIO, ELLE EST BIZARRE LA DERNIÈRE COUCHE...
... ON DIRAIT DE LA CHAIR DE POISSON.
MAIS C'EST QU'IL A RAISON EN PLUS !...
...ALORS ÇA VEUT DIRE QU'À L'ORIGINE LE MONDE ÉTAIT UN... UN GIGANTESQUE POISSON !
HA BEN ÇA ALORS !
MOI J'AI TOUJOURS FU QU'ON VENAIT DU POIFFON.
MADANLO 55

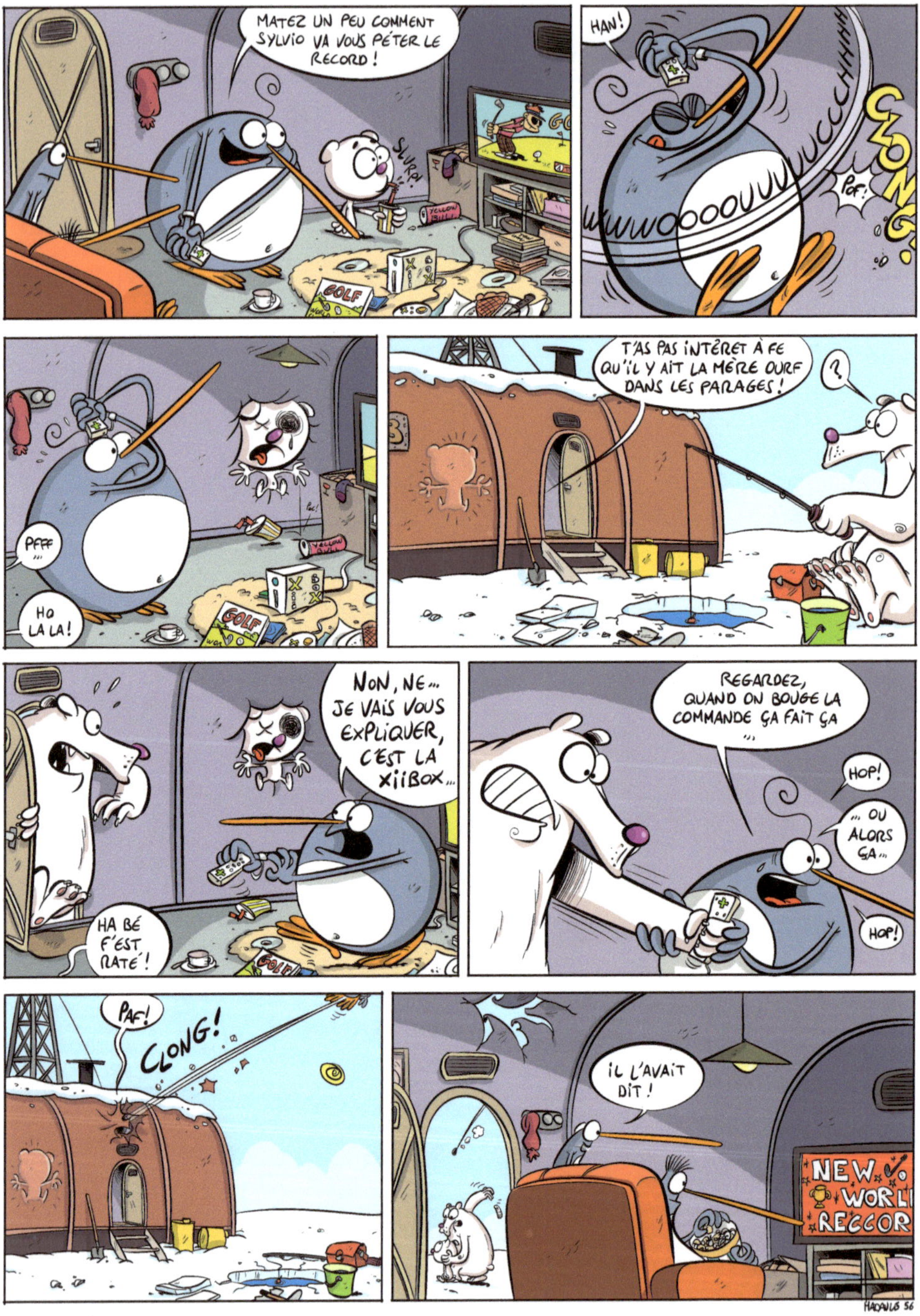
MATEZ UN PEU COMMENT SYLVIO VA VOUS PÉTER LE RECORD !
SLURP!
HAN!
WWWOOOOUUUUUUUCCCCHHHHH
CLONG!
POF!
PFFF...
HO LA LA!
T'AS PAS INTÉRET À FE QU'IL Y AIT LA MÈRE OURF DANS LES PARAGES !
?
NON, NE... JE VAIS VOUS EXPLIQUER, C'EST LA XIIBOX...
HA BÉ F'EST RATÉ !
REGARDEZ, QUAND ON BOUGE LA COMMANDE ÇA FAIT ÇA ...
HOP!
... OU ALORS ÇA...
HOP!
PAF!
CLONG!
IL L'AVAIT DIT !
NEW WORL RECCOR

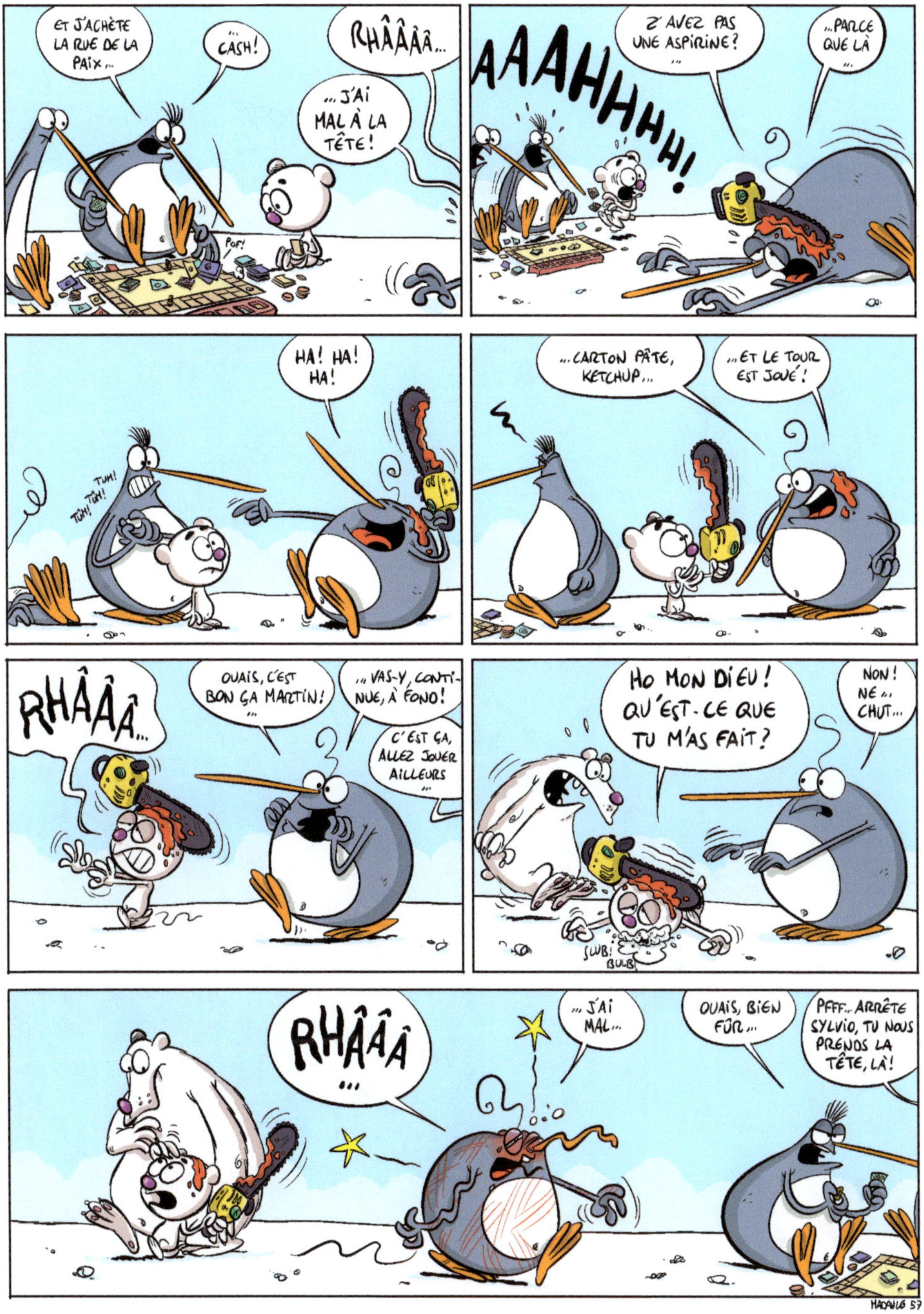
ET J'ACHÈTE LA RUE DE LA PAIX...
...CASH!
RHÂÂÂÂ...
...J'AI MAL À LA TÊTE!
POF!
AAAAHHHHH!
Z'AVEZ PAS UNE ASPIRINE? ...
...PARCE QUE LÀ ...
HA! HA! HA!
...CARTON PÂTE, KETCHUP...
...ET LE TOUR EST JOUÉ!
RHÂÂÂ...
OUAIS, C'EST BON ÇA MARTIN! ...
...VAS-Y, CONTINUE, À FOND!
C'EST ÇA, ALLEZ JOUER AILLEURS ...
HO MON DIEU! QU'EST-CE QUE TU M'AS FAIT?
NON! NE... CHUT...
RHÂÂÂ ...
...J'AI MAL...
OUAIS, BIEN SÛR...
PFFF... ARRÊTE SYLVIO, TU NOUS PRENDS LA TÊTE, LÀ!

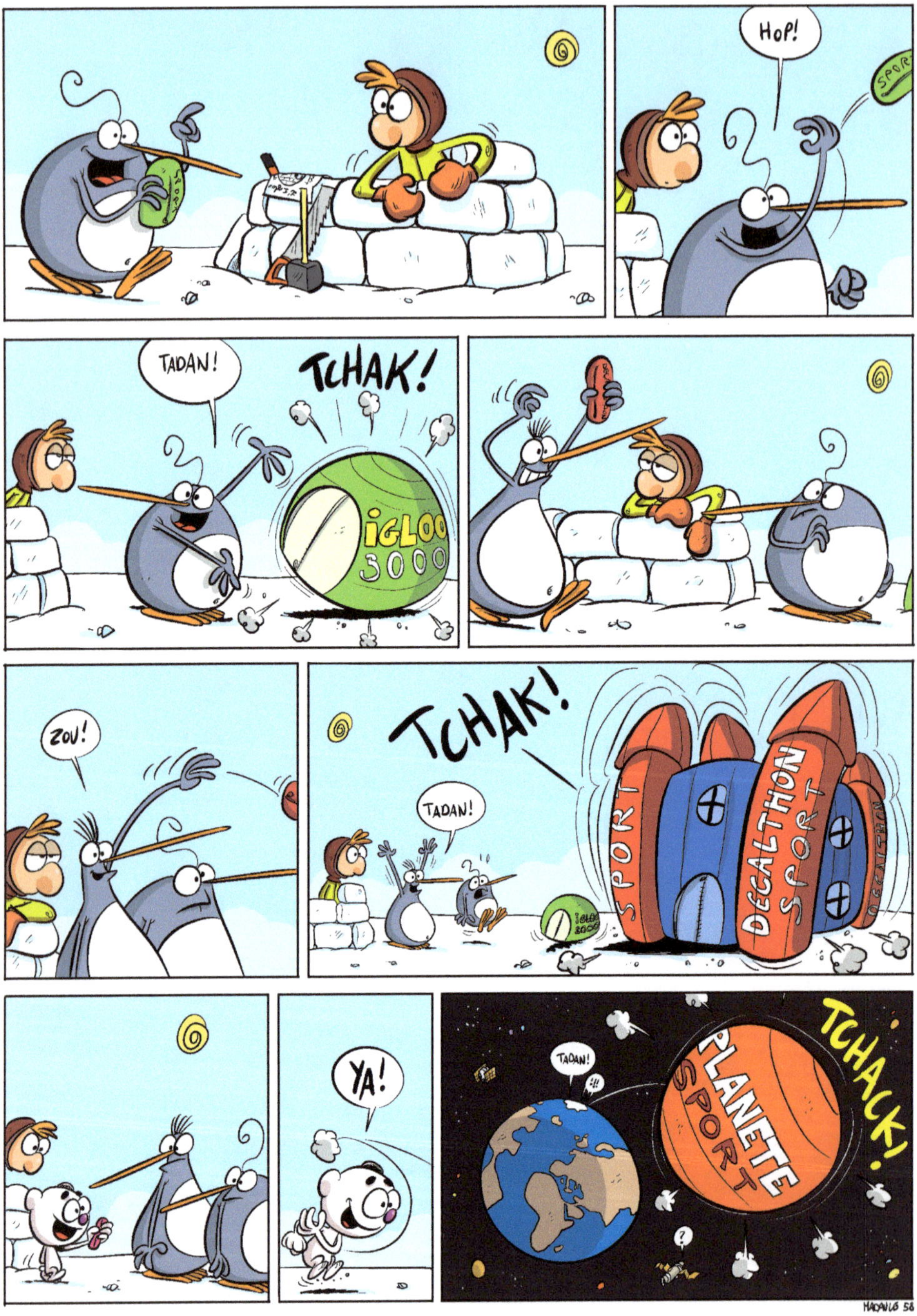
SPORT
HOP!
SPORT
TADAN!
TCHAK!
IGLOO
3000
ZOU!
TCHAK!
TADAN!
SPORT
DECALTHON
SPORT
DECALTHON
IGLOO
3000
YA!
TADAN!
!!!
PLANETE
SPORT
TCHACK!
?

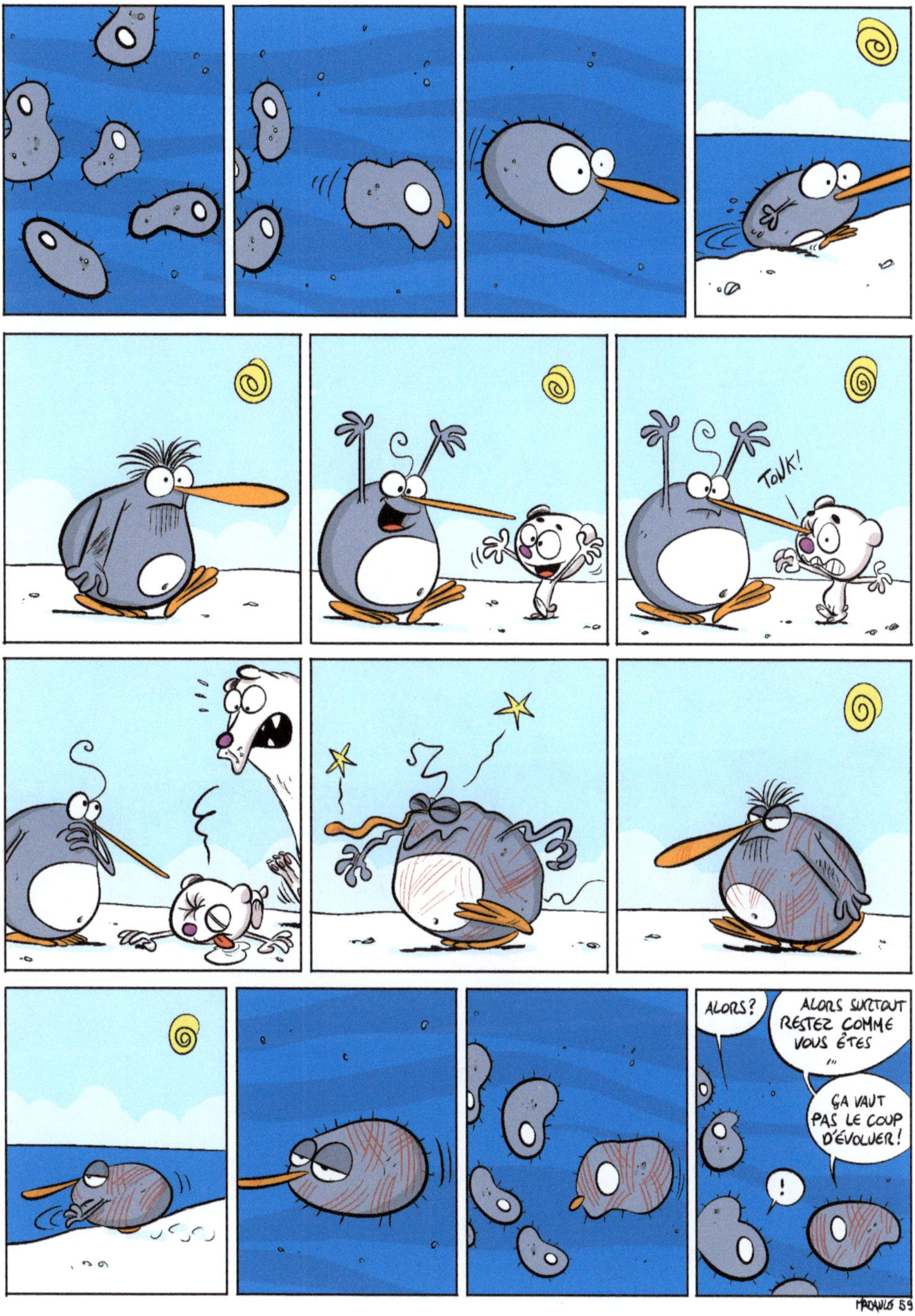
TONK!
ALORS?
ALORS SURTOUT RESTEZ COMME VOUS ÊTES
...
ÇA VAUT PAS LE COUP D'ÉVOLUER!
!

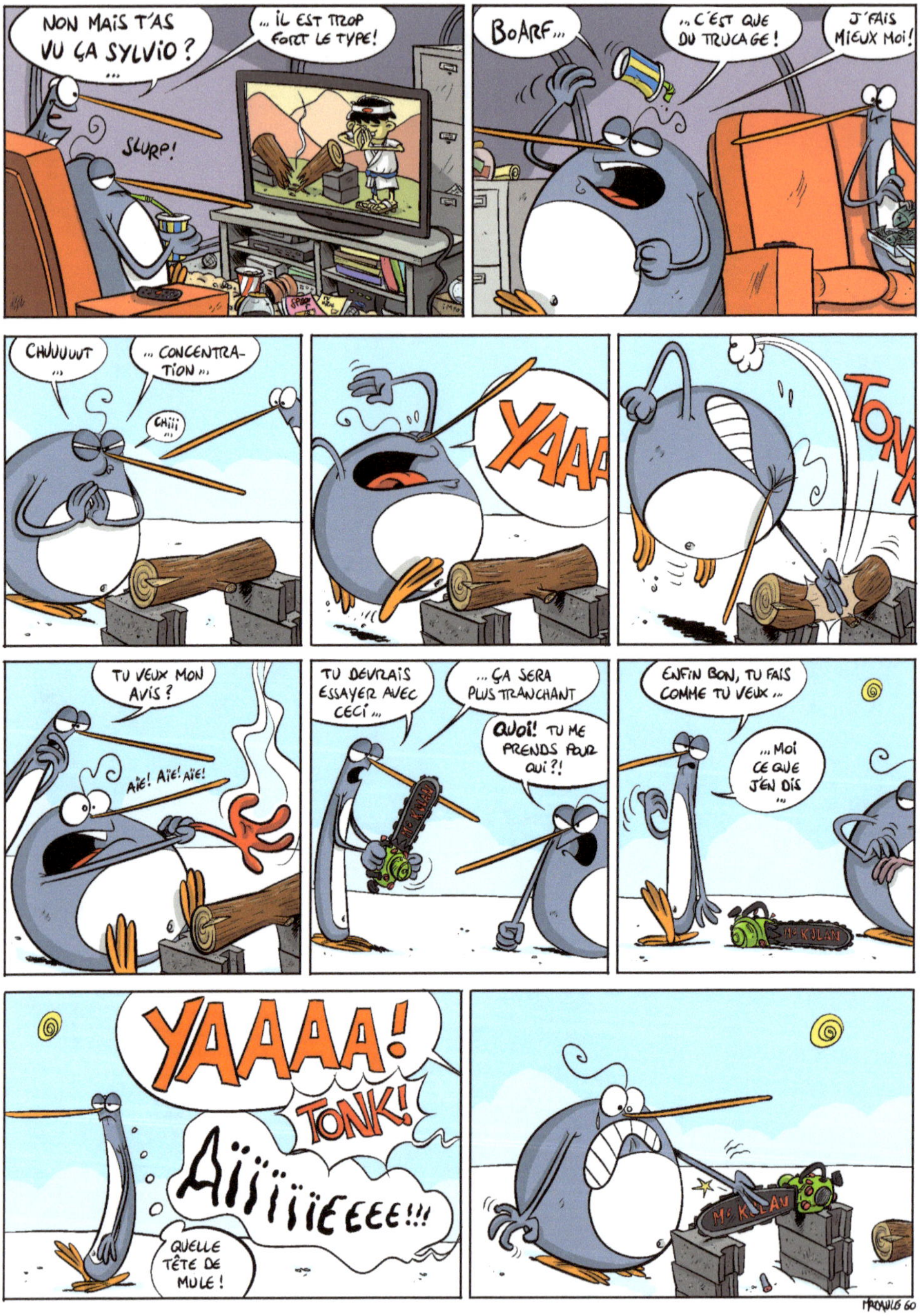
NON MAIS T'AS VU ÇA SYLVIO ? ...
... IL EST TROP FORT LE TYPE !
SLURP !
BOARF...
... C'EST QUE DU TRUCAGE !
J'FAIS MIEUX MOI !
CHUUUUUT ...
... CONCENTRA-TION ...
CHiii ...
YAAA
TONK
TU VEUX MON AVIS ?
AÏE ! AÏE ! AÏE !
TU DEVRAIS ESSAYER AVEC CECI ...
... ÇA SERA PLUS TRANCHANT
QUOI ! TU ME PRENDS POUR QUI ?!
Mc KOLAN
ENFIN BON, TU FAIS COMME TU VEUX ...
... MOI CE QUE J'EN DIS ...
YAAAA !
TONK !
AÏÏÏÏÏEEEE !!!
QUELLE TÊTE DE MULE !
Mc KOLAN

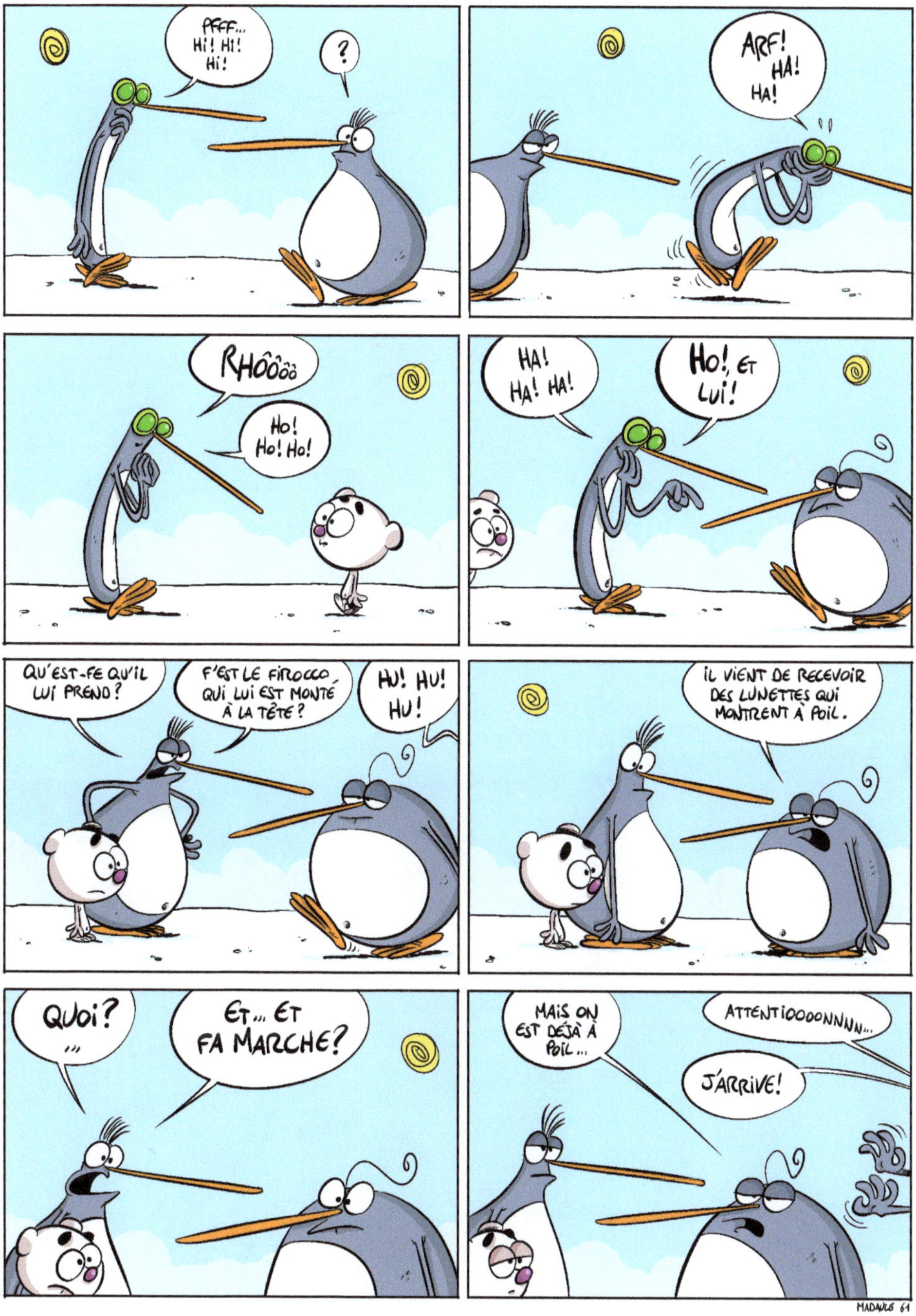
PFFF... HI! HI! HI!
?
ARF! HA! HA!
RHÔÔôô
HO! HO! HO!
HA! HA! HA!
HO!, ET LUI!
QU'EST-FE QU'IL LUI PREND?
F'EST LE FIROCCO QUI LUI EST MONTÉ À LA TÊTE?
HU! HU! HU!
IL VIENT DE RECEVOIR DES LUNETTES QUI MONTRENT À POIL.
QUOI? ...
ET... ET FA MARCHE?
MAIS ON EST DÉJÀ À POIL...
ATTENTIOOOONNNN...
J'ARRIVE!
MADAULE 61

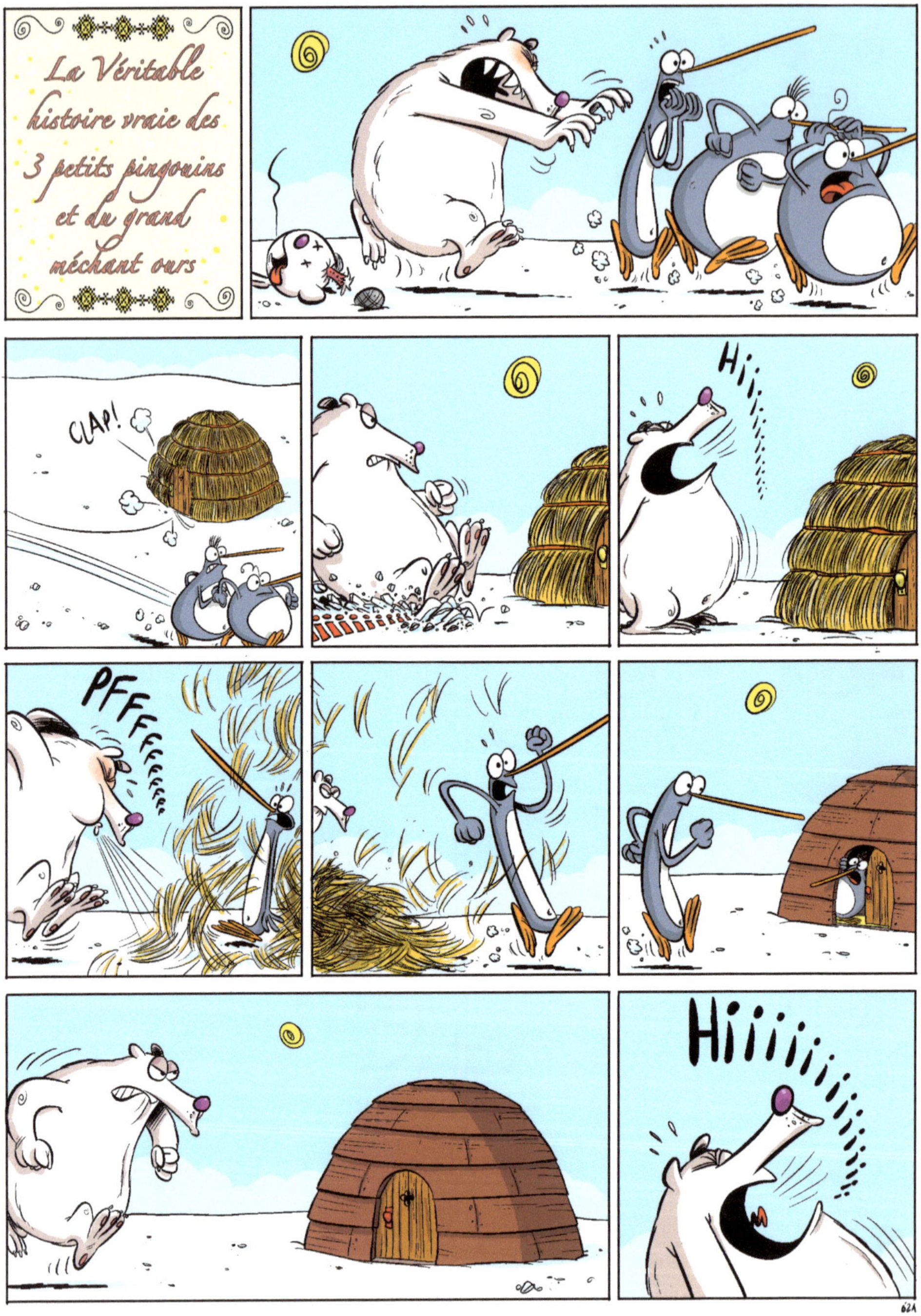
La Véritable histoire vraie des 3 petits pingouins et du grand méchant ours
CLAP!
Hi...
PFFFFFFFFF
Hiiiiiiiiiiii...

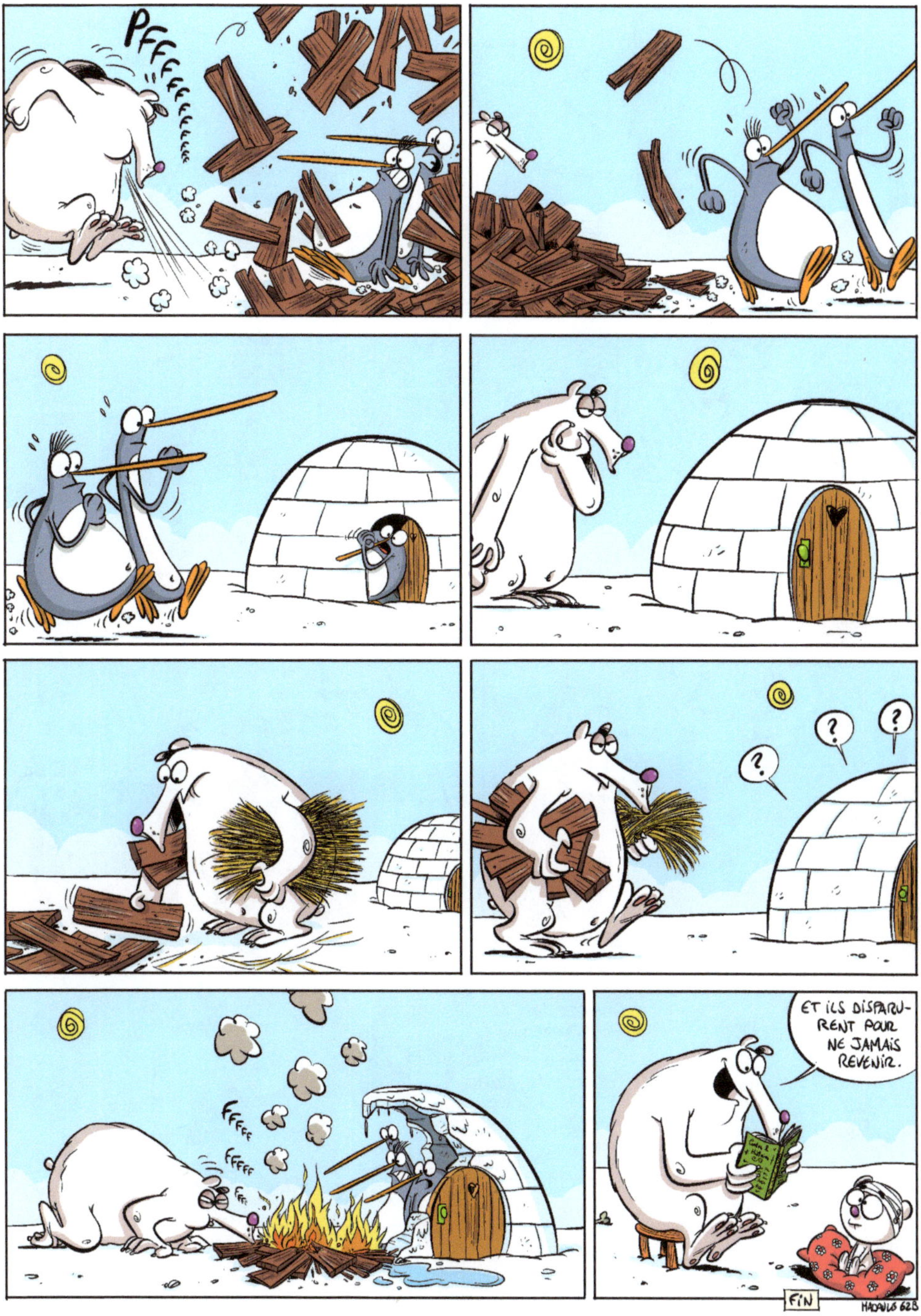
PFFFFFFFFFFFF
?
?
?
FFFFF
FFFFF
ET ILS DISPARU-
RENT POUR
NE JAMAIS
REVENIR.
FIN

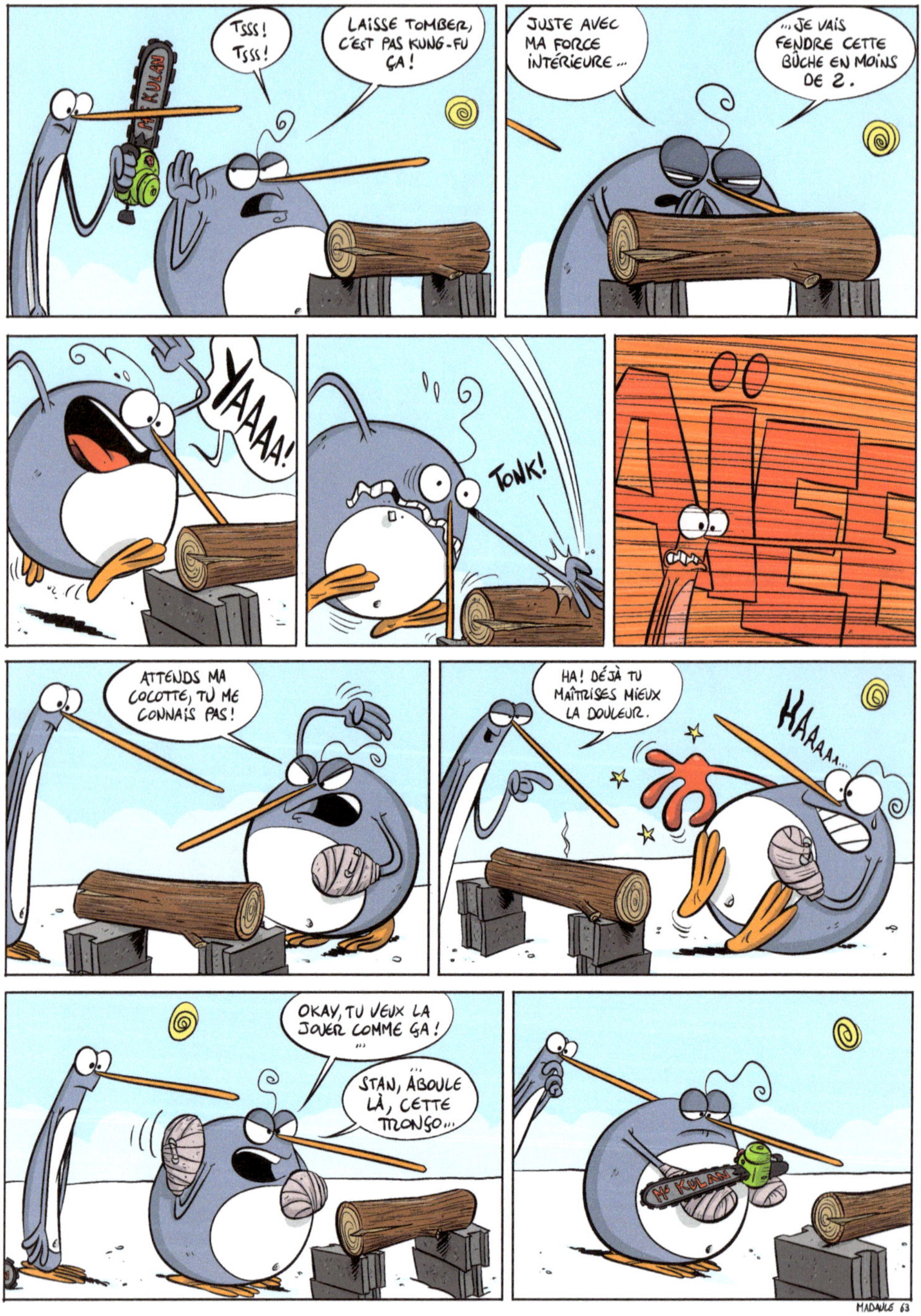
Tsss ! Tsss !
LAISSE TOMBER, C'EST PAS KUNG-FU ÇA !
Mc KULAN
JUSTE AVEC MA FORCE INTÉRIEURE ...
... JE VAIS FENDRE CETTE BÛCHE EN MOINS DE 2.
YAAAAA !
TONK !
AÏE
ATTENDS MA COCOTTE, TU ME CONNAIS PAS !
HA ! DÉJÀ TU MAÎTRISES MIEUX LA DOULEUR.
HAAAAA...
OKAY, TU VEUX LA JOUER COMME ÇA ! ...
... STAN, ABOULE LÀ, CETTE TRONÇO...
Mc KULAN
MADAULE 63

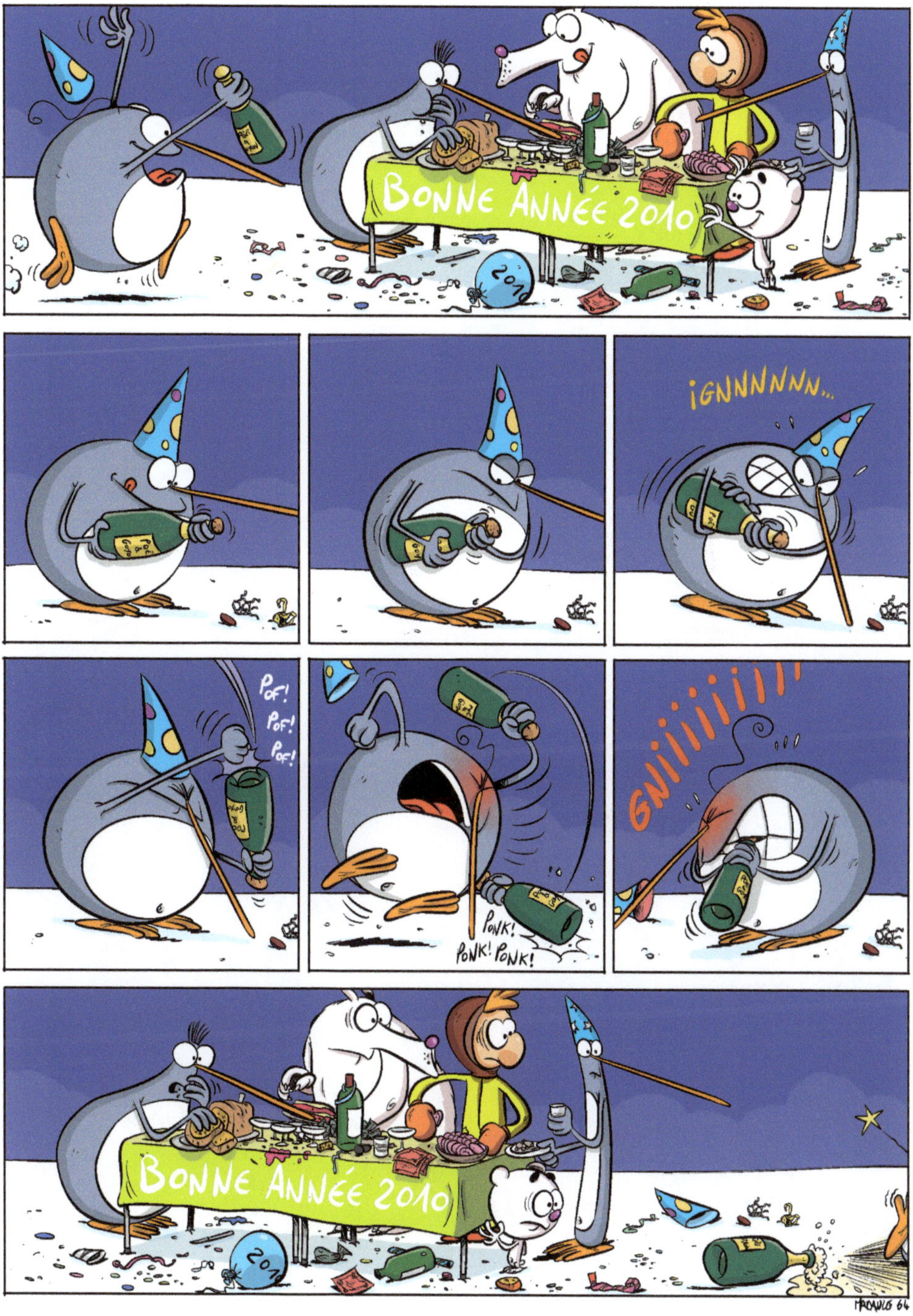
BONNE ANNÉE 2010
2010
¡GNNNNNN...
POF!
POF!
POF!
PONK!
PONK! PONK!
GNiiiiiii!!!
BONNE ANNÉE 2010
2010

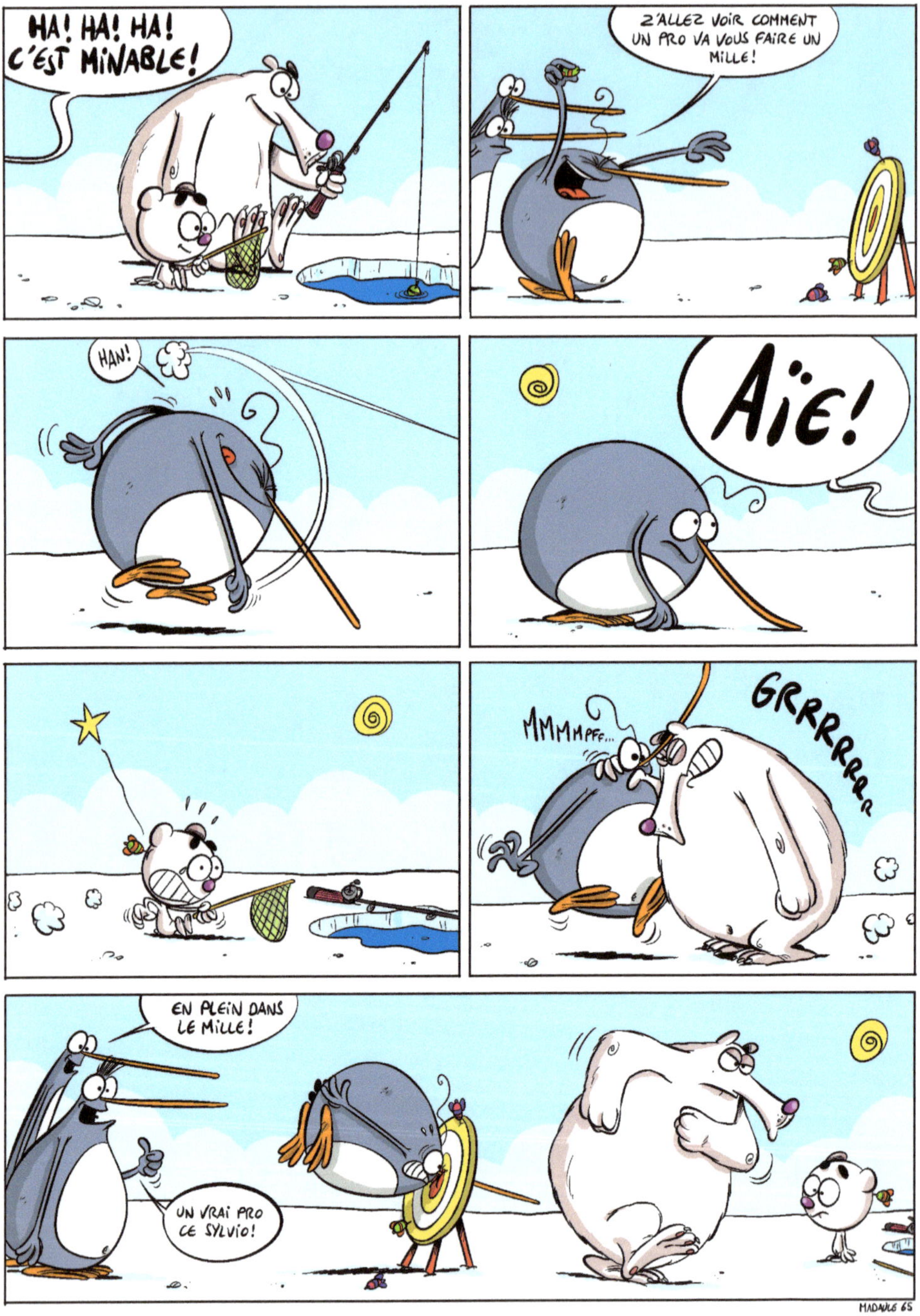
HA! HA! HA!
C'EST MINABLE!
Z'ALLEZ VOIR COMMENT UN PRO VA VOUS FAIRE UN MILLE!
HAN!
AÏE!
MMMMPFF...
GRRRRRRR
EN PLEIN DANS LE MILLE!
UN VRAI PRO CE SYLVIO!
MADAULE 65

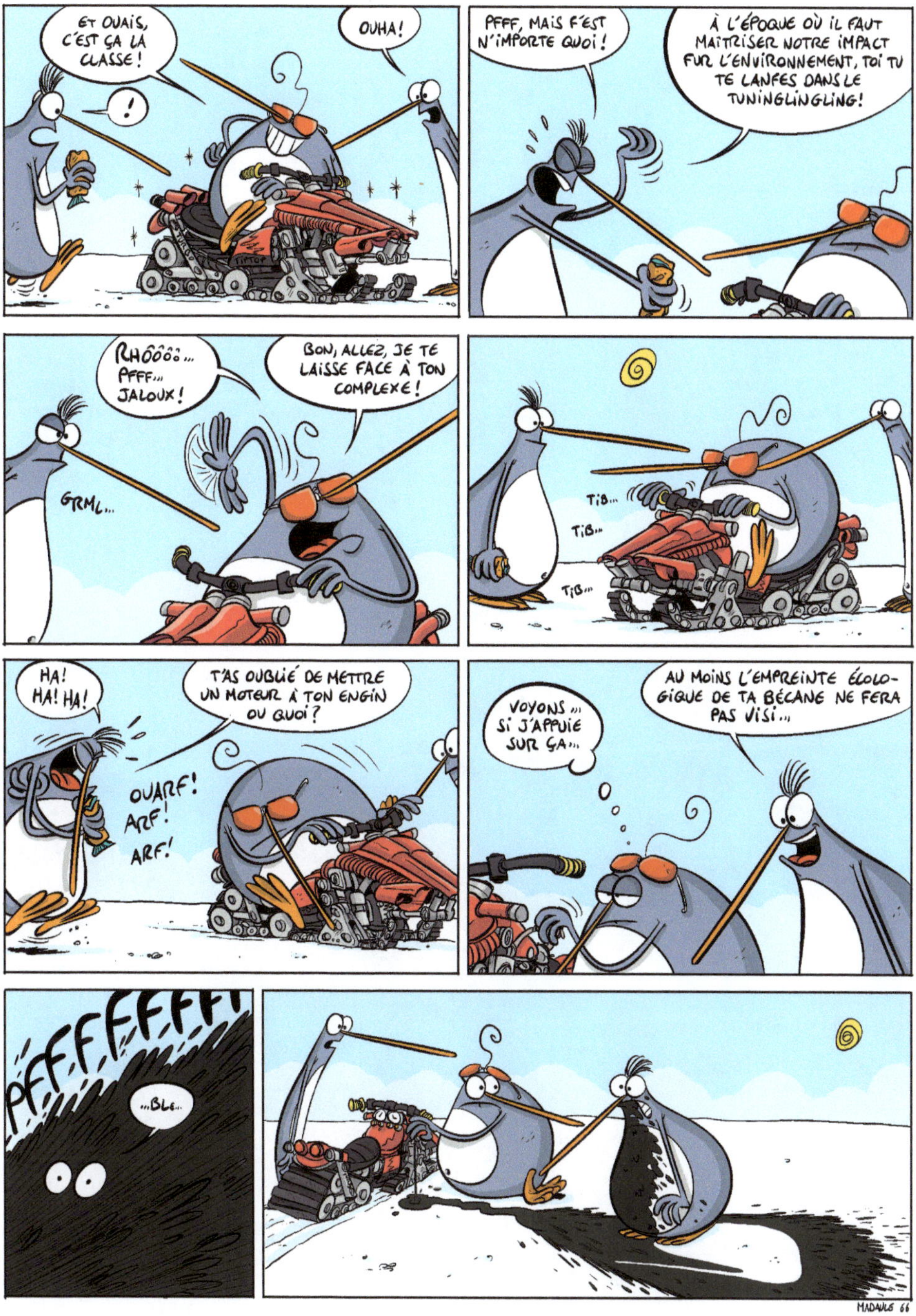
ET OUAIS, C'EST ÇA LA CLASSE !
!
OUHA !
PFFF, MAIS C'EST N'IMPORTE QUOI !
À L'ÉPOQUE OÙ IL FAUT MAÎTRISER NOTRE IMPACT SUR L'ENVIRONNEMENT, TOI TU TE LANCES DANS LE TUNINGLINGLING !
RHÔÔÔÔ... PFFF... JALOUX !
BON, ALLEZ, JE TE LAISSE FACE À TON COMPLEXE !
GRML...
TIB...
TIB...
TIB...
HA! HA! HA!
T'AS OUBLIÉ DE METTRE UN MOTEUR À TON ENGIN OU QUOI ?
OUARF! ARF! ARF!
VOYONS... SI J'APPUIE SUR ÇA...
AU MOINS L'EMPREINTE ÉCOLOGIQUE DE TA BÉCANE NE FERA PAS VISI...
PFFFFFFFF
...BLE...
MADAULE 66

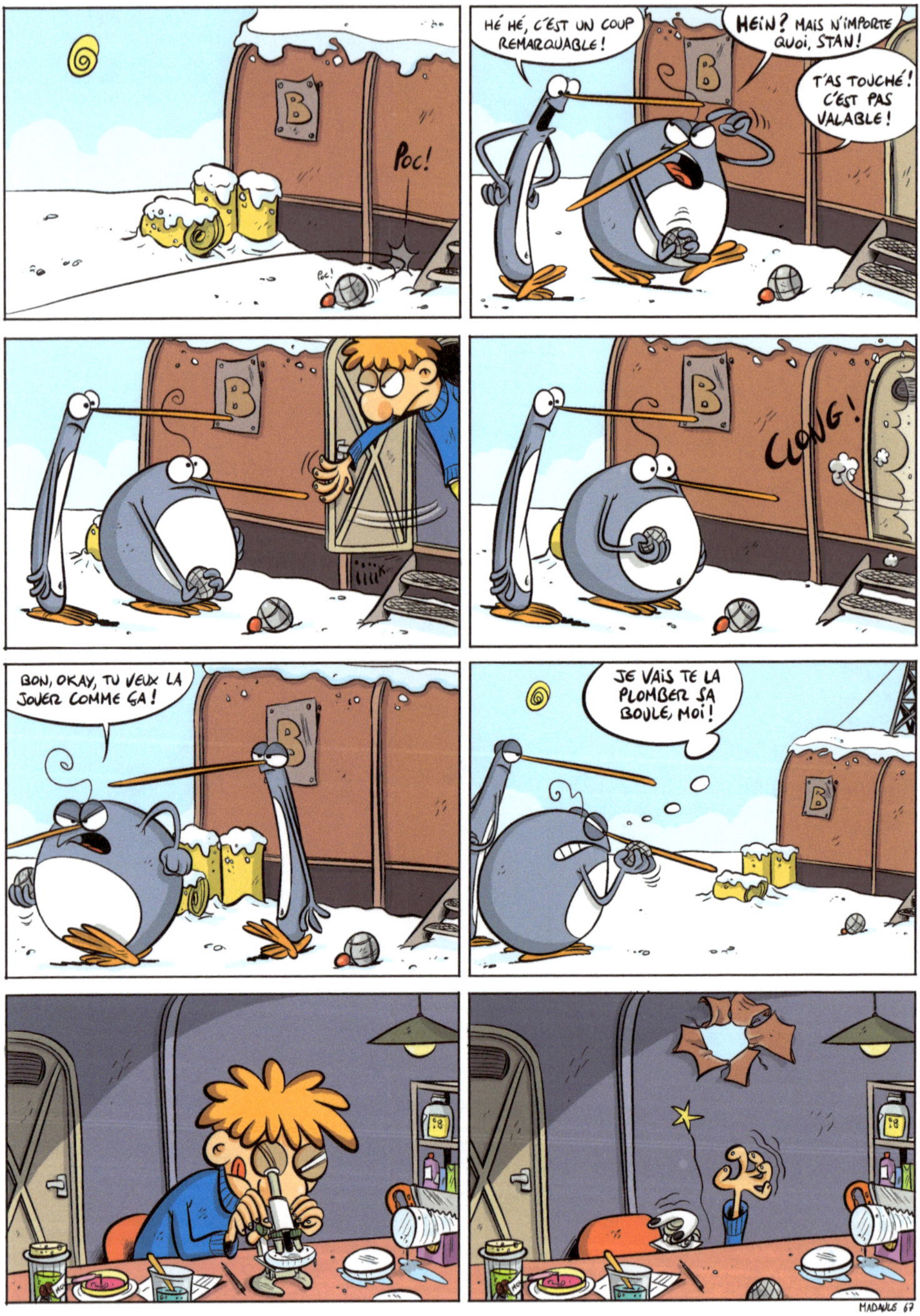
POC!
POC!
HÉ HÉ, C'EST UN COUP REMARQUABLE !
HEIN? MAIS N'IMPORTE QUOI, STAN!
T'AS TOUCHÉ! C'EST PAS VALABLE!
CLONG!
BON, OKAY, TU VEUX LA JOUER COMME ÇA !
JE VAIS TE LA PLOMBER SA BOULE, MOI !
MADAULE 67

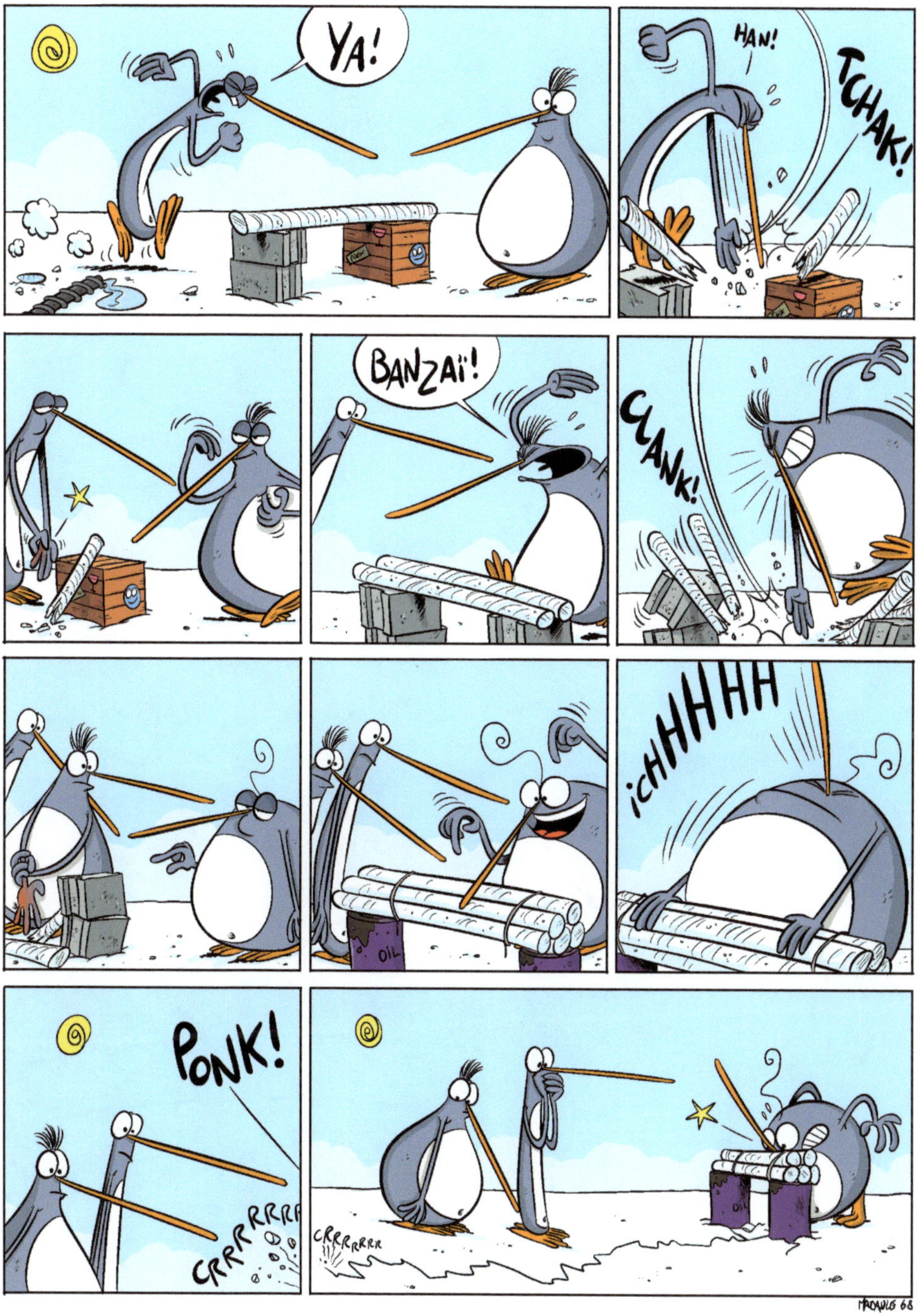
YA!
HAN!
TCHAK!
BANZAÏ!
CLANK!
¡CHHHHH
PONK!
CRRRRRRR
CRRRRRRR

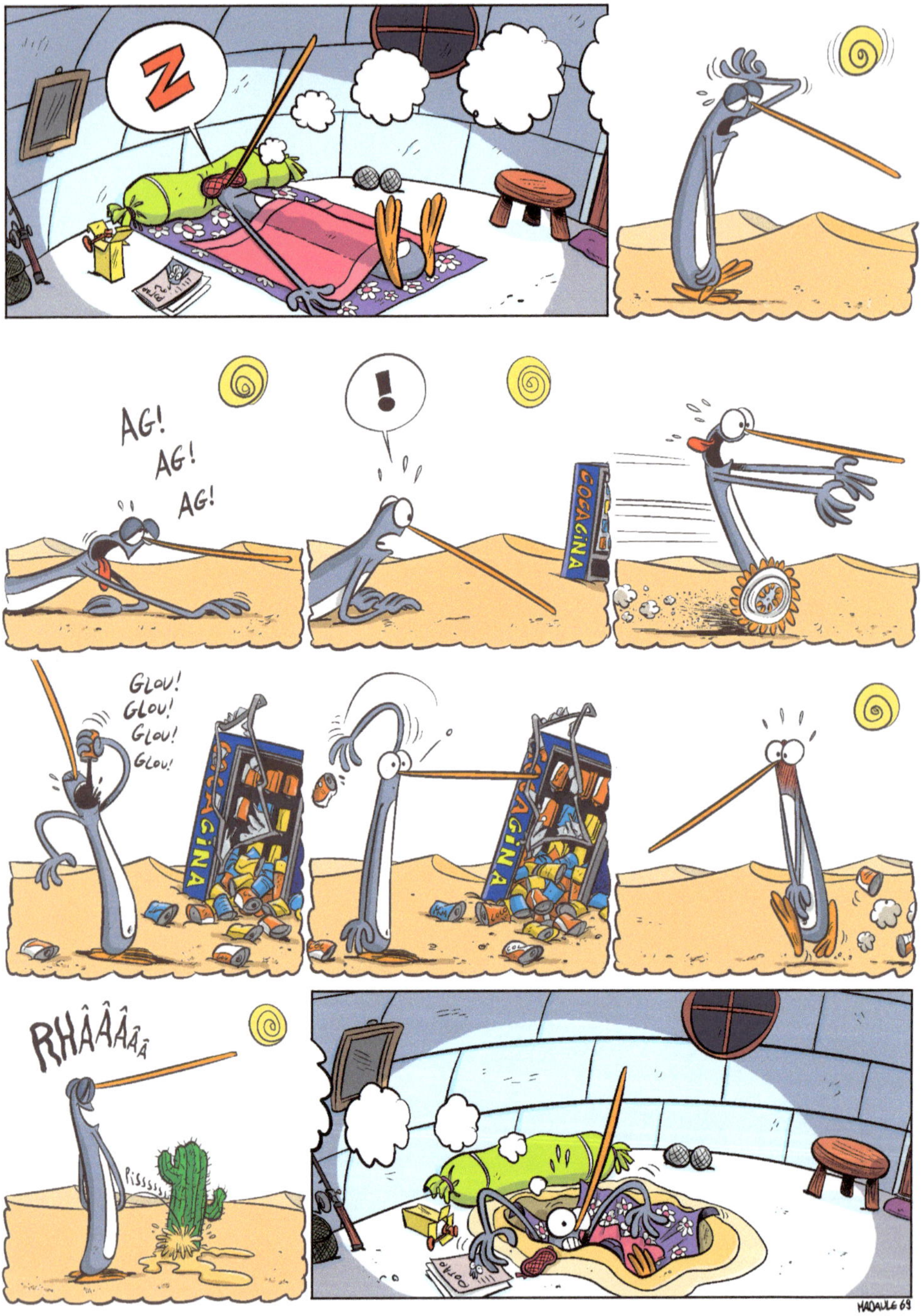

Z
AG!
AG!
AG!
!
COCAGINA
GLOU!
GLOU!
GLOU!
GLOU!
RHÂÂÂÂÂ

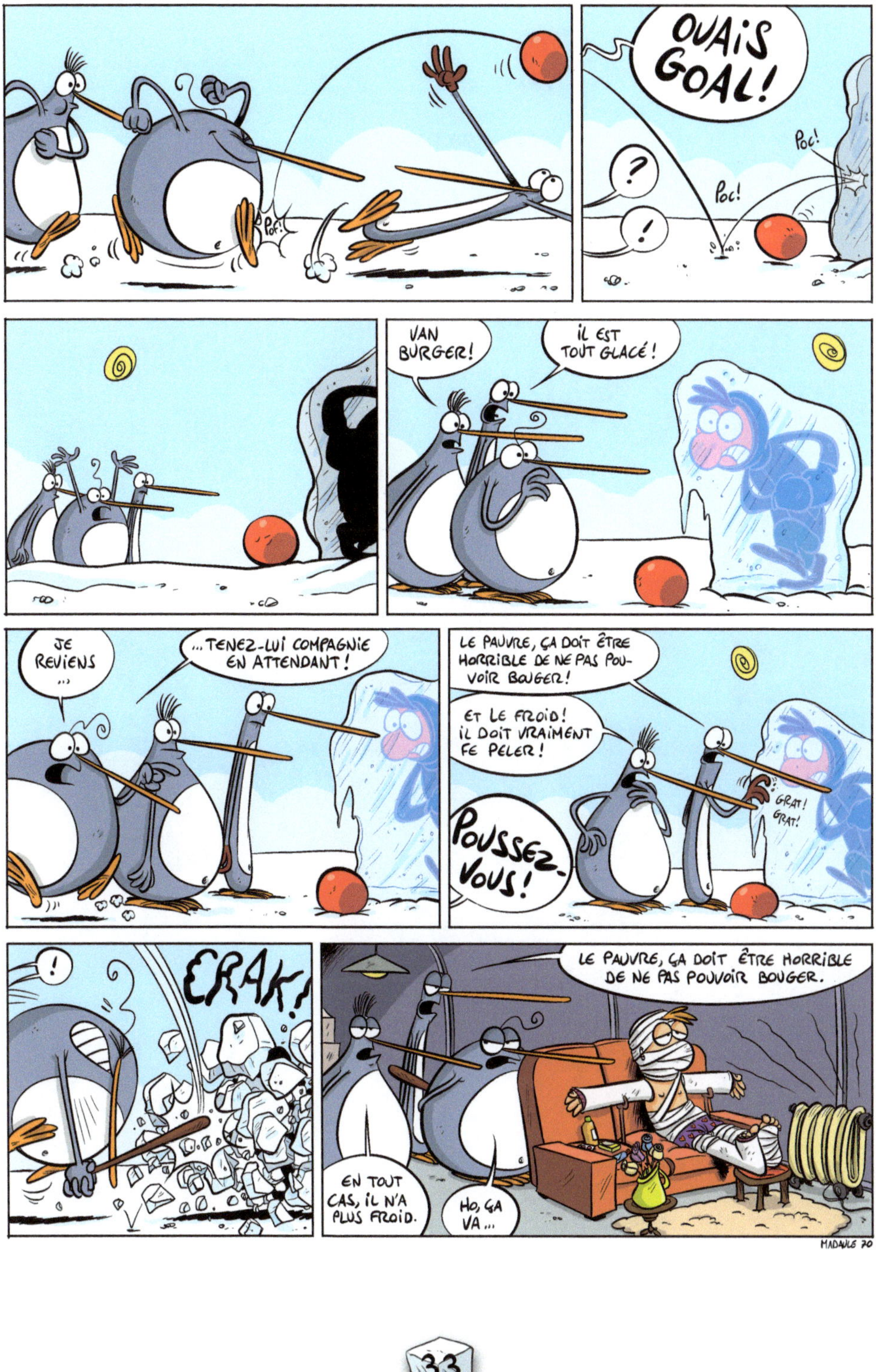
Pof!
OUAIS GOAL!
?
!
Poc!
Poc!
VAN BURGER!
IL EST TOUT GLACÉ!
JE REVIENS ...
...TENEZ-LUI COMPAGNIE EN ATTENDANT!
LE PAUVRE, ÇA DOIT ÊTRE HORRIBLE DE NE PAS POUVOIR BOUGER!
ET LE FROID! IL DOIT VRAIMENT FE PELER!
GRAT! GRAT!
POUSSEZ-VOUS!
!
ERAK!
LE PAUVRE, ÇA DOIT ÊTRE HORRIBLE DE NE PAS POUVOIR BOUGER.
EN TOUT CAS, IL N'A PLUS FROID.
HO, ÇA VA...
MADAULE 70

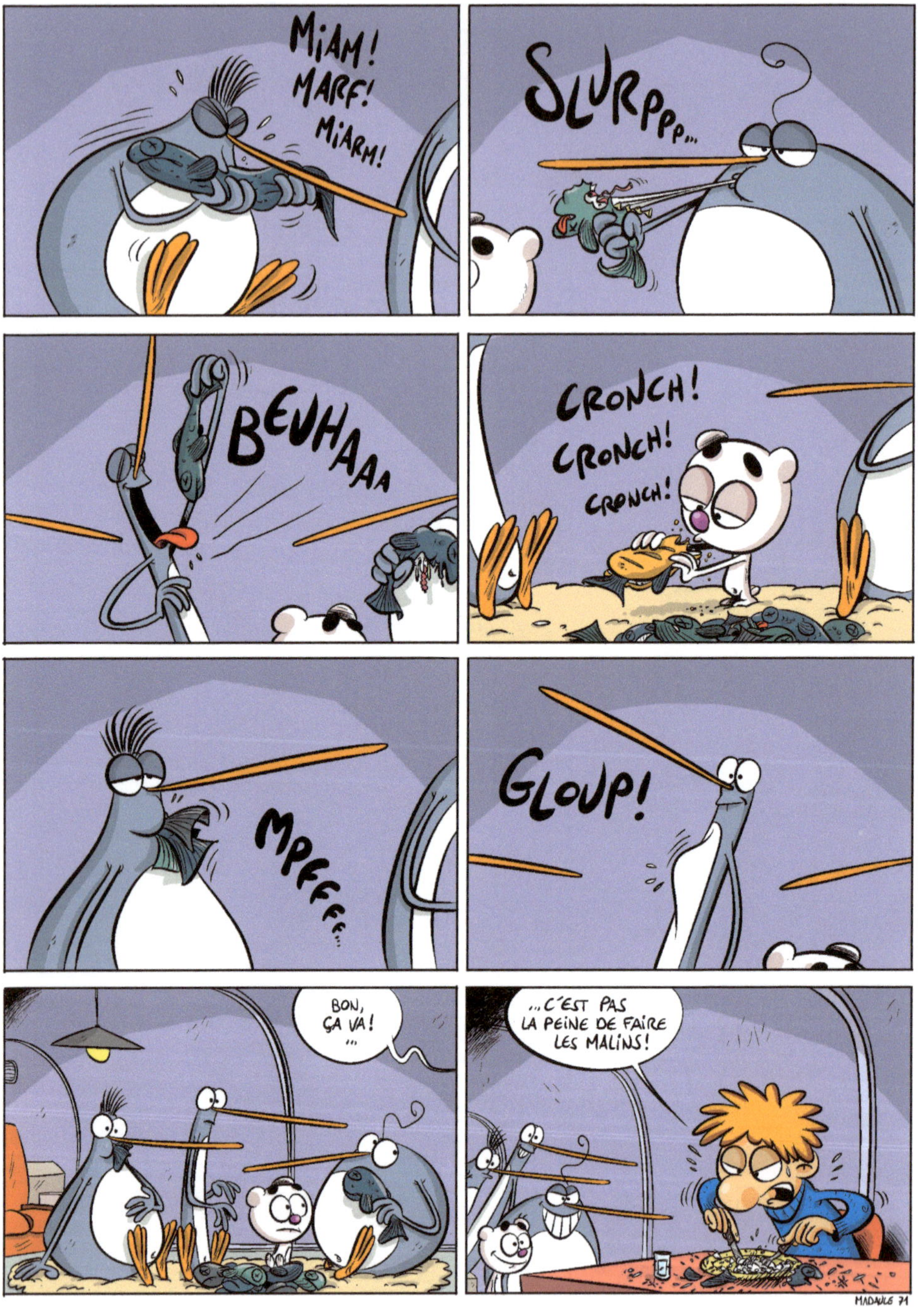
MIAM!
MARF!
MIARM!
SLURPPP...
BEUHAAAA
CRONCH!
CRONCH!
CRONCH!
MPFFFF...
GLOUP!
BON, ÇA VA! ...
... C'EST PAS LA PEINE DE FAIRE LES MALINS!
MADAULE 71

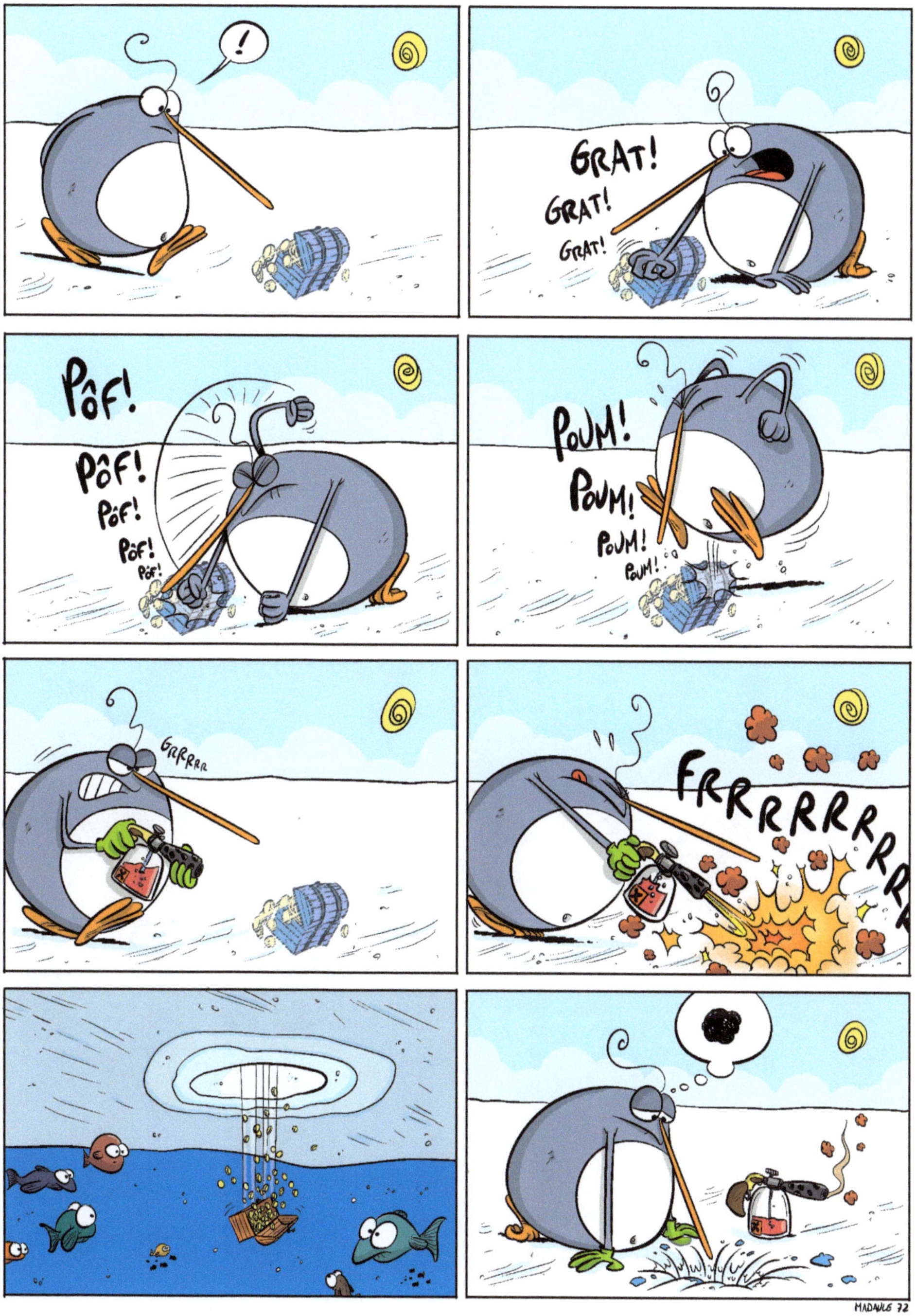
!
GRAT!
GRAT!
GRAT!
PÔF!
PÔF!
PÔF!
PÔF!
PÔF!
POUM!
POUM!
POUM!
POUM!
GRRRRR
FRRRRRRRRR
MADAULE 72

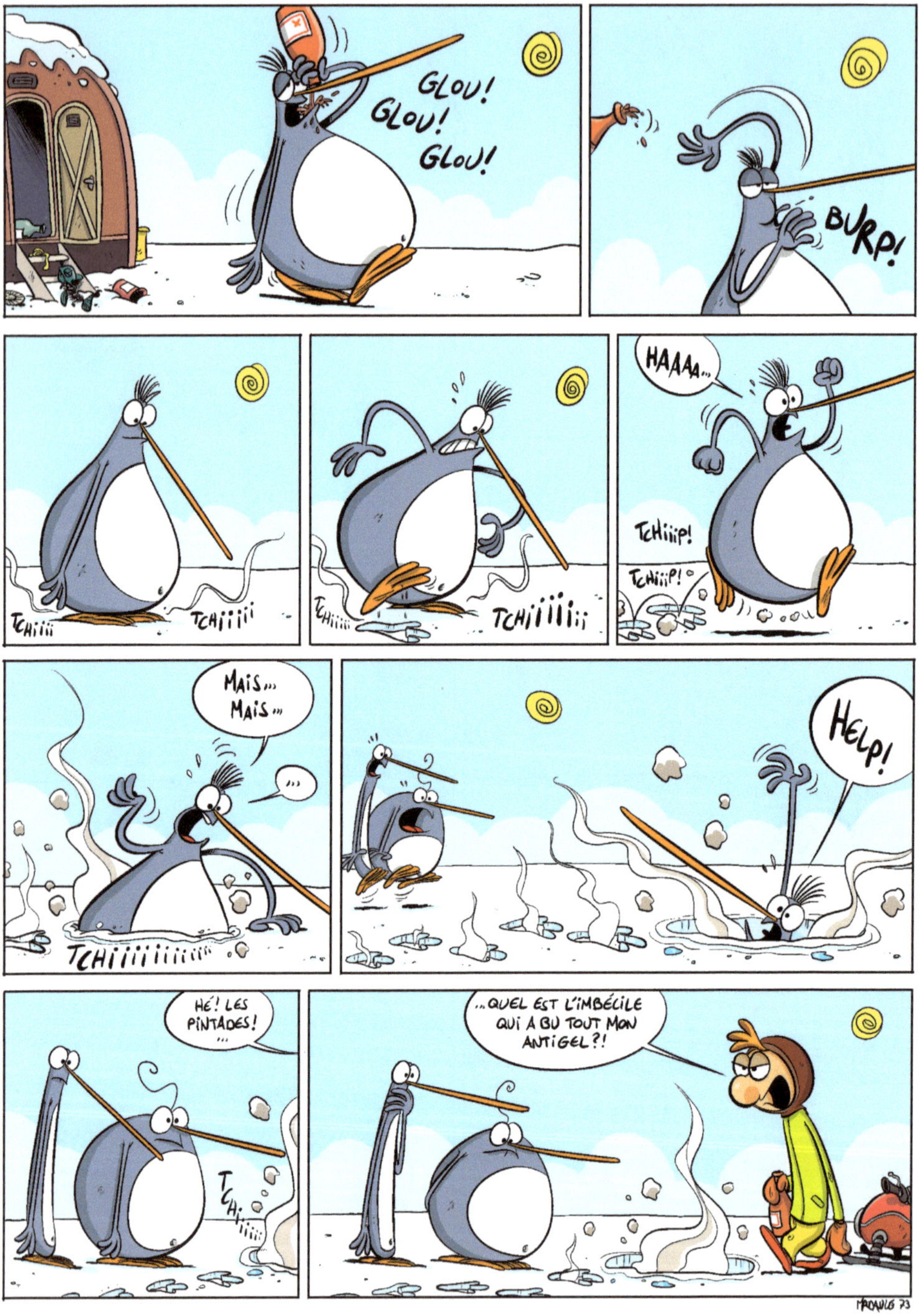
GLOU! GLOU! GLOU!
BURP!
TCHiiii
TCHiiiii
TCHiiiii
TCHiiiiiii
HAAAA...
TCHiiiP!
TCHiiiP!
MAIS... MAIS...
...
TCHiiiiiiiiiii
HELP!
HÉ! LES PINTADES! ...
TCHiiiii
...QUEL EST L'IMBÉCILE QUI A BU TOUT MON ANTIGEL?!

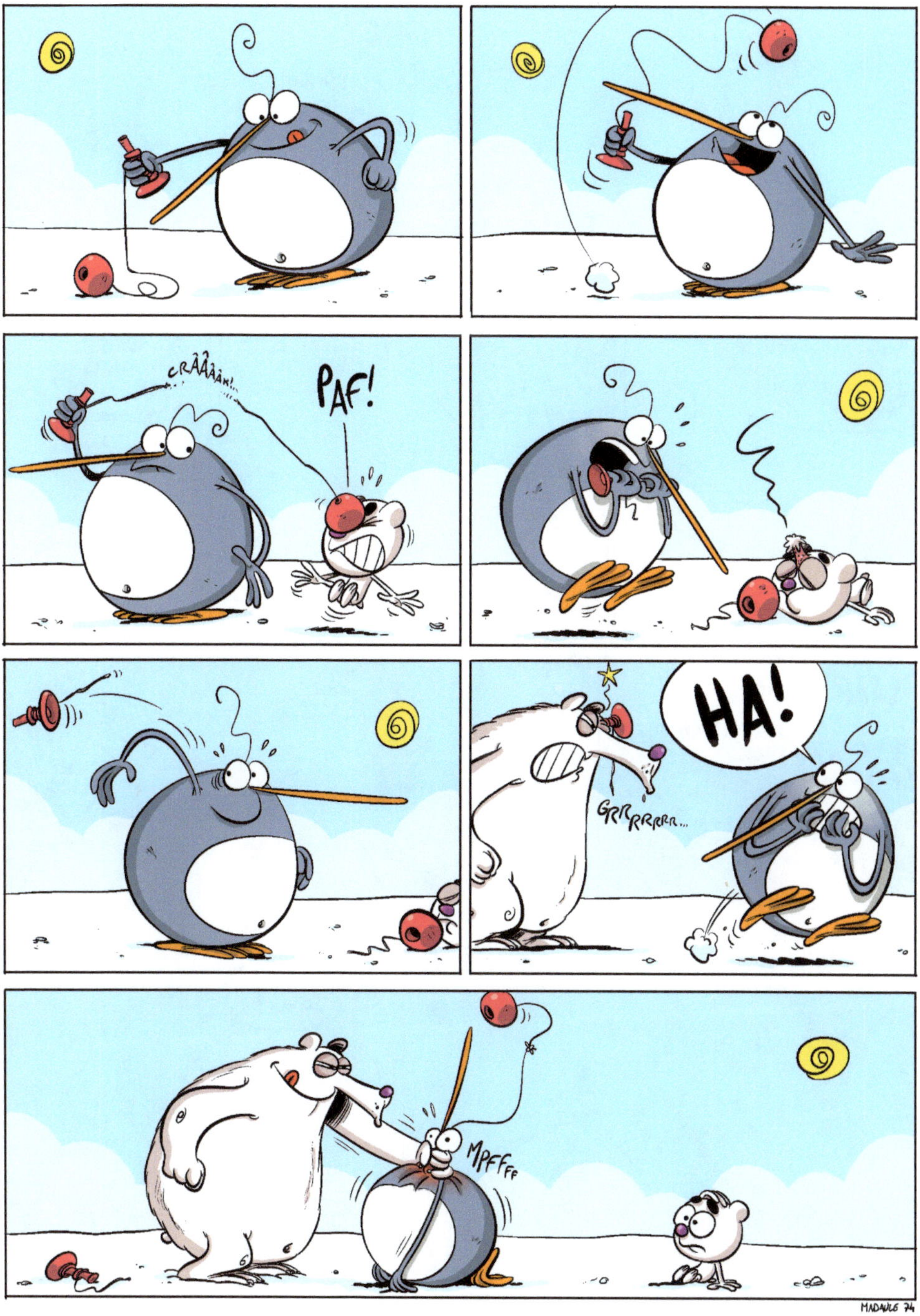
CRÂÂÂÂÂH!..
PAF!
HA!
GRRRRRR...
MPFFFF
MADAULE 74

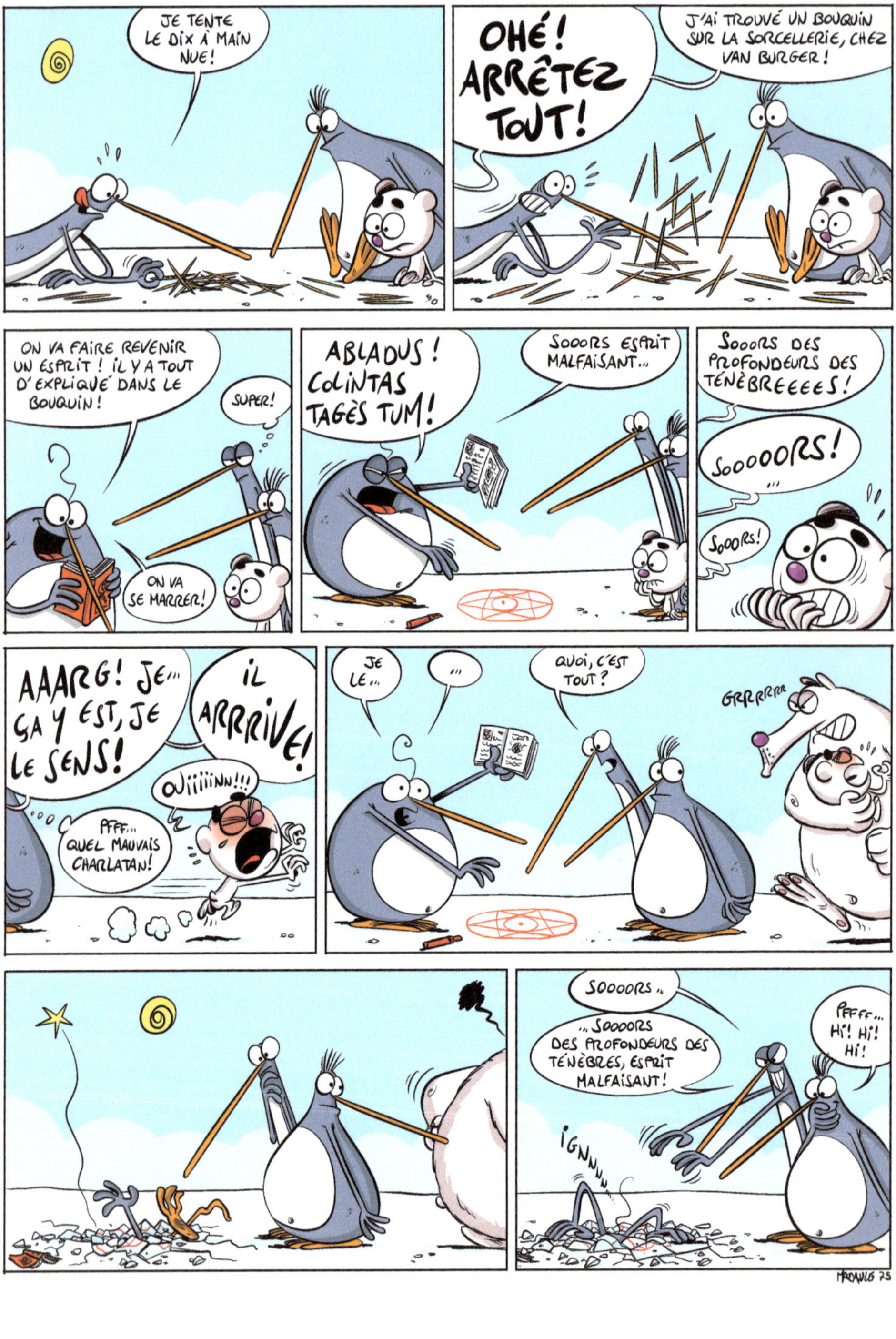
JE TENTE LE DIX À MAIN NUE!
OHÉ! ARRÊTEZ TOUT!
J'AI TROUVÉ UN BOUQUIN SUR LA SORCELLERIE, CHEZ VAN BURGER!
ON VA FAIRE REVENIR UN ESPRIT! IL Y A TOUT D'EXPLIQUÉ DANS LE BOUQUIN!
SUPER!
ON VA SE MARRER!
ABLADUS! COLINTAS TAGÈS TUM!
SOOORS ESPRIT MALFAISANT...
SOOORS DES PROFONDEURS DES TÉNÈBREEEEES!
SOOOOORS!
SOOORS!
AAARG! JE... ÇA Y EST, JE LE SENS!
IL ARRRIVE!
OUIIIIINN!!!
PFFF... QUEL MAUVAIS CHARLATAN!
JE LE...
...
QUOI, C'EST TOUT?
GRRRRRR
SOOORS...
... SOOORS DES PROFONDEURS DES TÉNÈBRES, ESPRIT MALFAISANT!
PFFFF... HI! HI! HI!
IGNNNN...

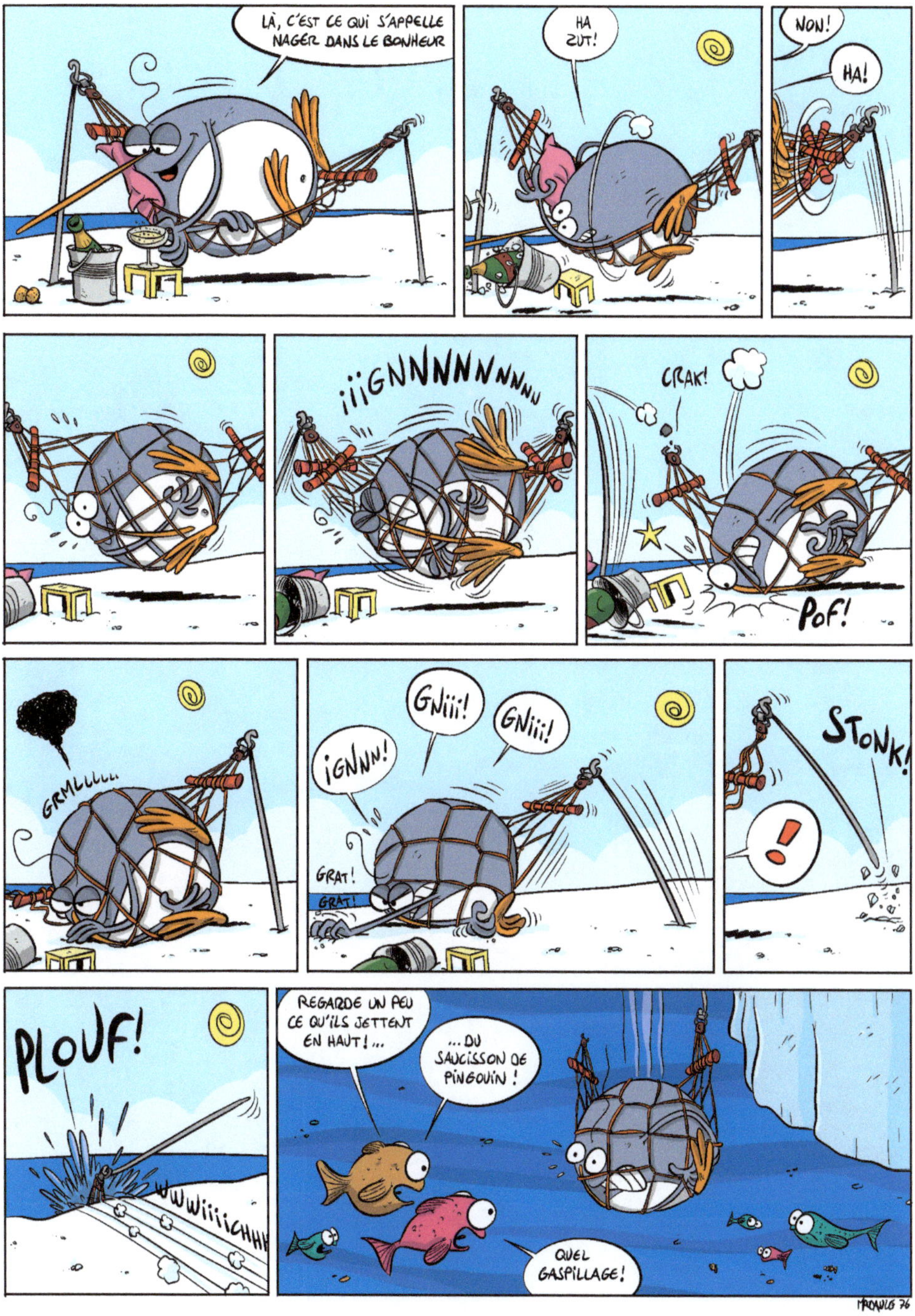
LÀ, C'EST CE QUI S'APPELLE NAGER DANS LE BONHEUR
HA ZUT!
NON!
HA!
¡¡¡GNNNNNNNNNN
CRAK!
POF!
GRMLLLLL
GRAT!
GRAT!
¡GNNN!
GNiii!
GNiii!
STONK!
!
PLOUF!
WWWiiiiCHHH
REGARDE UN PEU CE QU'ILS JETTENT EN HAUT!...
...DU SAUCISSON DE PINGOUIN!
QUEL GASPILLAGE!

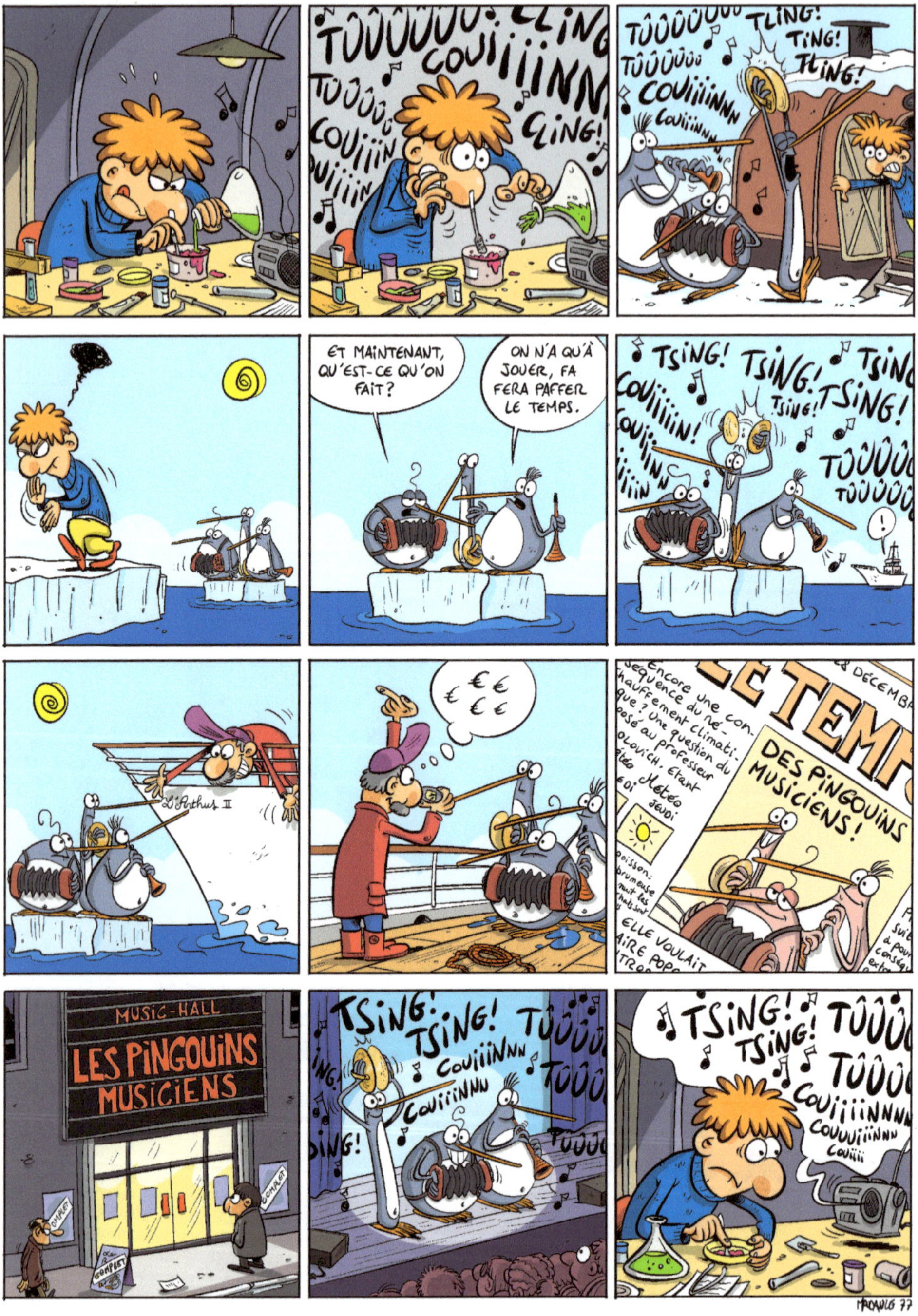
TÛÛÛÛÛÛ
CLING
COUIIIINN
TÛÛÛÛÛ
COUIIIN
CLING!
TÛÛÛÛÛÛÛ
TLING!
TING!
TLING!
COUIIIINNN
ET MAINTENANT, QU'EST-CE QU'ON FAIT?
ON N'A QU'À JOUER, FA FERA PAFFER LE TEMPS.
TSING! TSING! TSING! TSING!
COUIIIIIN!
TÛÛÛÛÛ
!
L'Arthus II
€ € € € €
LE TEMPS
DÉCEMBRE
Encore une conséquence du réchauffement climatique? Une question posé au professeur Olovich. Etant
Météo
JEUDI
DES PINGOUINS MUSICIENS!
ELLE VOULAIT
MUSIC-HALL
LES PINGOUINS MUSICIENS
COMPLET
TSING! TSING!
COUIIINNN
TÛÛÛÛ
TSING! TSING! TÛÛÛÛ TÛÛÛÛ
COUIIIINNNN
COUUUIIINNN
COUIIII
MAGNUS 77

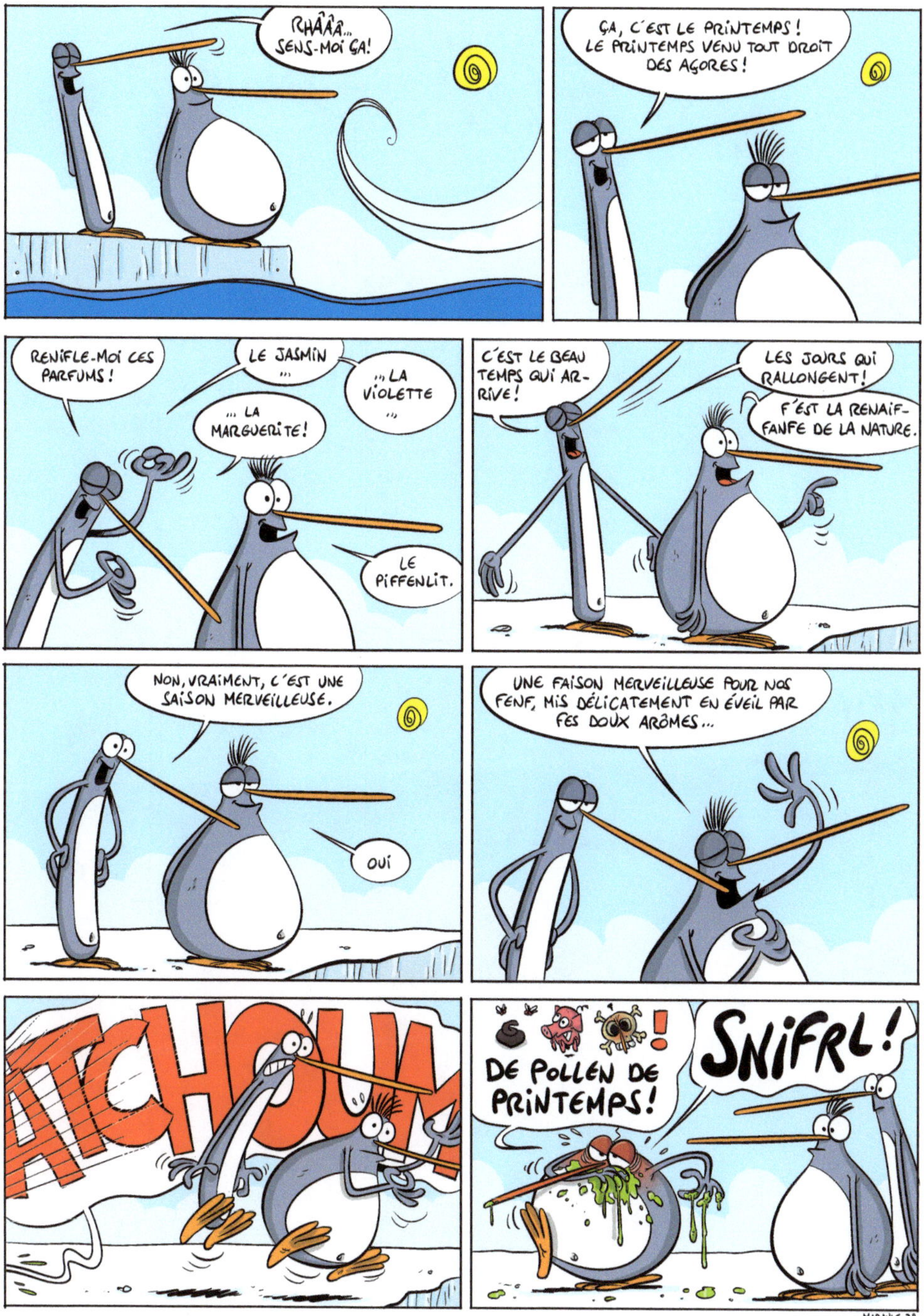
RHÂÂÂ... SENS-MOI ÇA!
ÇA, C'EST LE PRINTEMPS ! LE PRINTEMPS VENU TOUT DROIT DES AÇORES !
RENIFLE-MOI CES PARFUMS !
LE JASMIN ...
... LA VIOLETTE ...
... LA MARGUERITE !
LE PIFFENLIT.
C'EST LE BEAU TEMPS QUI ARRIVE !
LES JOURS QUI RALLONGENT !
F'EST LA RENAIFFANFE DE LA NATURE.
NON, VRAIMENT, C'EST UNE SAISON MERVEILLEUSE.
OUI
UNE FAISON MERVEILLEUSE POUR NOS FENF, MIS DÉLICATEMENT EN ÉVEIL PAR FES DOUX ARÔMES...
ATCHOUM
!
DE POLLEN DE PRINTEMPS !
SNIFRL !
MADAULE 78

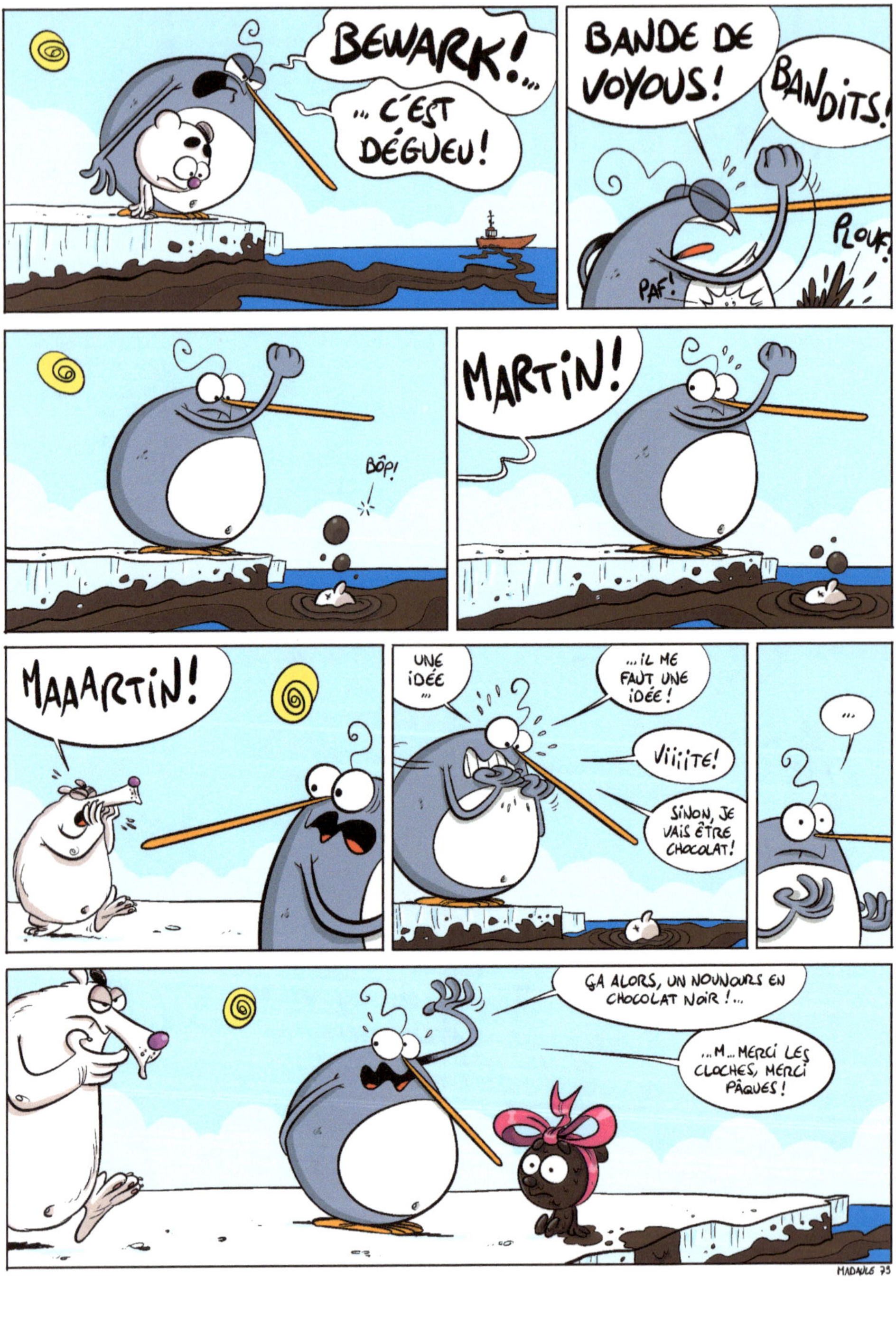
BEWARK!...
... C'EST DÉGUEU!
BANDE DE VOYOUS!
BANDITS!
PAF!
PLOUF!
BÔP!
MARTIN!
MAAARTIN!
UNE IDÉE ...
... IL ME FAUT UNE IDÉE!
VIIIITE!
SINON, JE VAIS ÊTRE CHOCOLAT!
...
ÇA ALORS, UN NOUNOURS EN CHOCOLAT NOIR!...
... M... MERCI LES CLOCHES, MERCI PÂQUES!
MADAULE 79

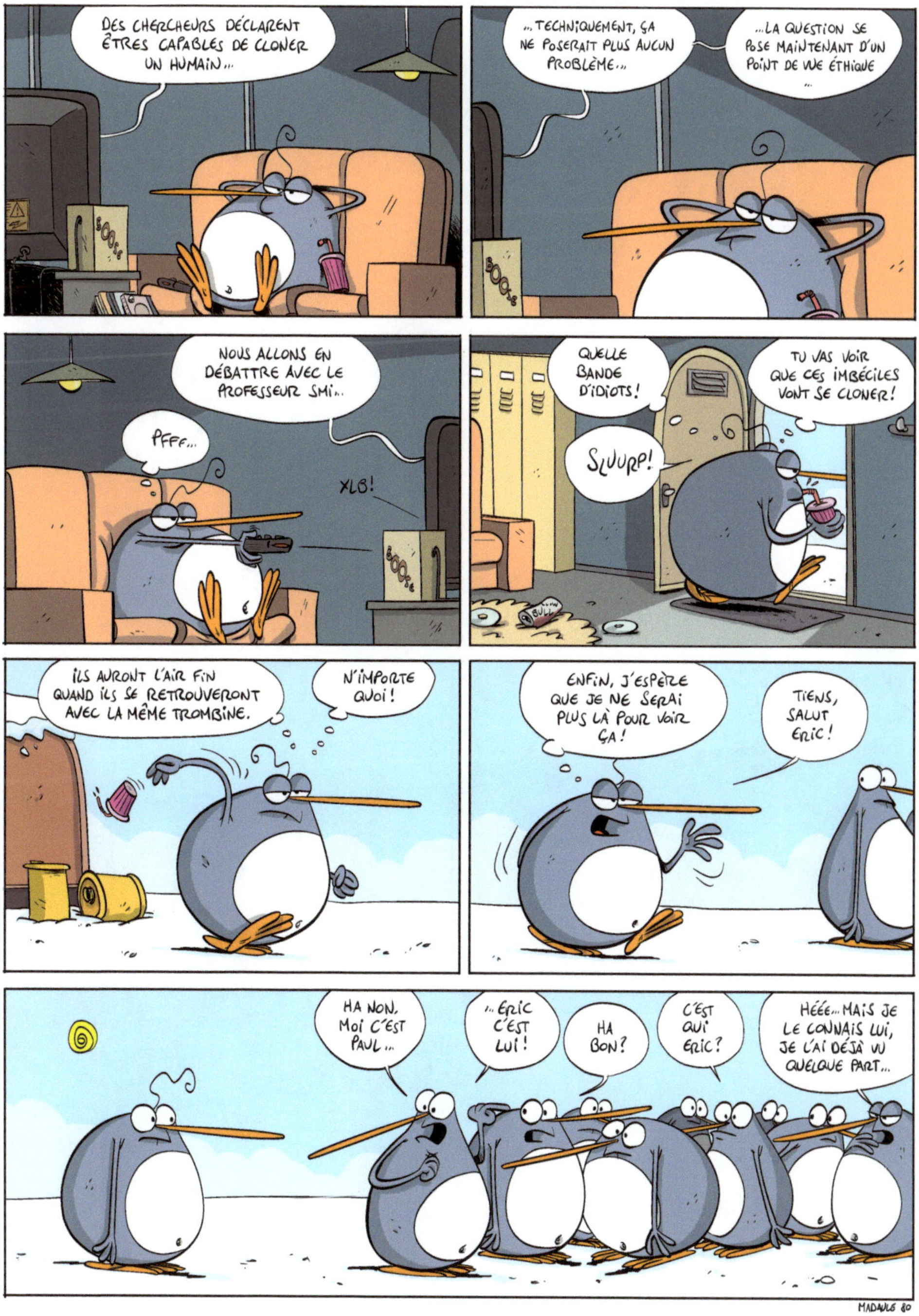
DES CHERCHEURS DÉCLARENT ÊTRES CAPABLES DE CLONER UN HUMAIN...
...TECHNIQUEMENT, ÇA NE POSERAIT PLUS AUCUN PROBLÈME...
...LA QUESTION SE POSE MAINTENANT D'UN POINT DE VUE ÉTHIQUE ...
NOUS ALLONS EN DÉBATTRE AVEC LE PROFESSEUR SMI...
PFFF...
XLB!
QUELLE BANDE D'IDIOTS!
TU VAS VOIR QUE CES IMBÉCILES VONT SE CLONER!
SLUURP!
ILS AURONT L'AIR FIN QUAND ILS SE RETROUVERONT AVEC LA MÊME TROMBINE.
N'IMPORTE QUOI!
ENFIN, J'ESPÈRE QUE JE NE SERAI PLUS LÀ POUR VOIR ÇA!
TIENS, SALUT ERIC!
HA NON, MOI C'EST PAUL...
...ERIC C'EST LUI!
HA BON?
C'EST QUI ERIC?
HÉÉÉ... MAIS JE LE CONNAIS LUI, JE L'AI DÉJÀ VU QUELQUE PART...
MADAULE 80

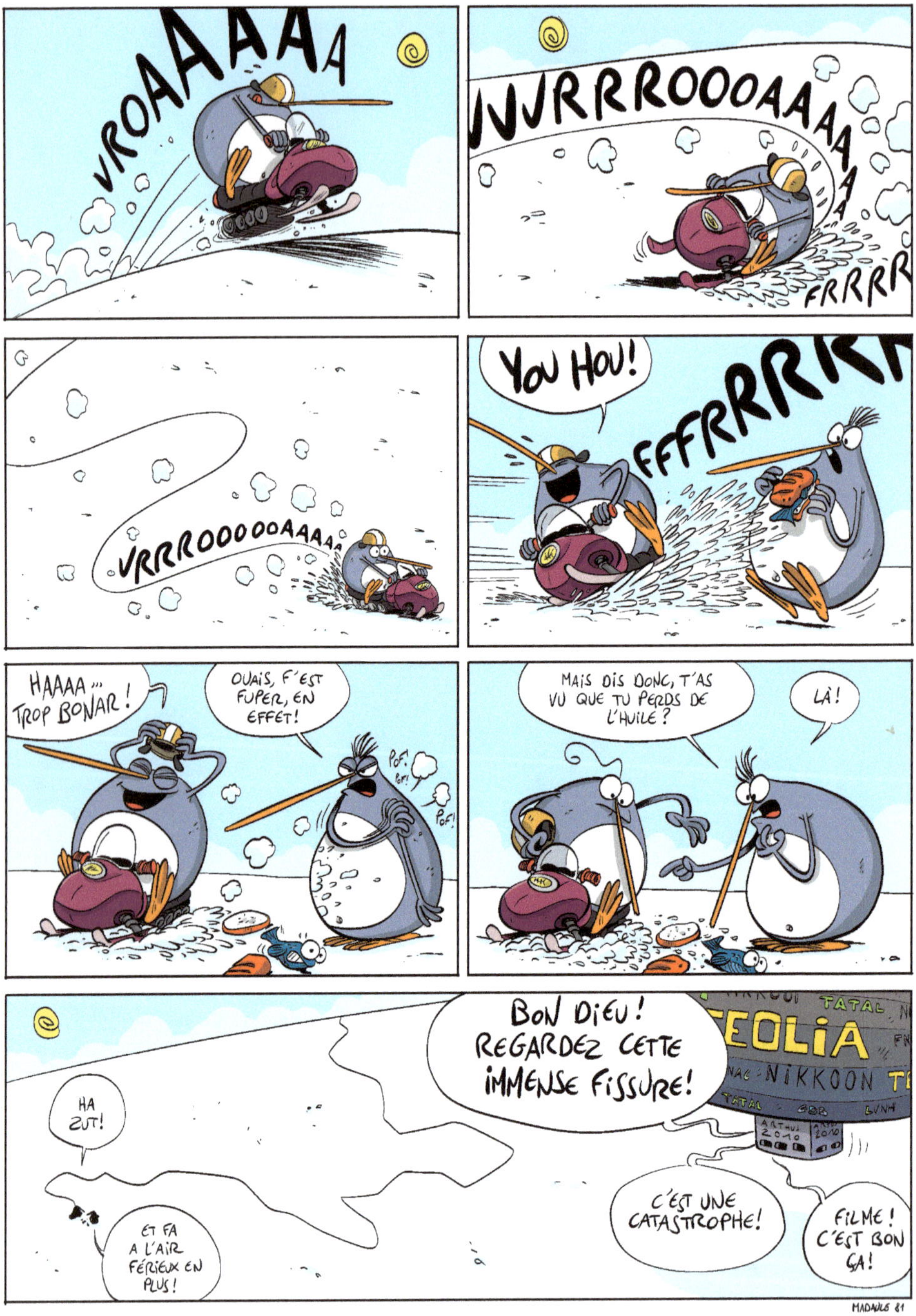
VROAAAAAA
VVVRRROOOOAAAAAAAA
FRRRR
VRRROOOOOAAAAA
YOU HOU!
FFFRRRRR
HAAAA… TROP BONAR!
OUAIS, F'EST FUPER, EN EFFET!
POF! POF! POF!
MAIS DIS DONC, T'AS VU QUE TU PERDS DE L'HUILE ?
LÀ!
BON DIEU! REGARDEZ CETTE IMMENSE FISSURE!
TATAL
NIKKOON
HA ZUT!
ET FA A L'AIR FÉRIEUX EN PLUS!
C'EST UNE CATASTROPHE!
FILME! C'EST BON ÇA!

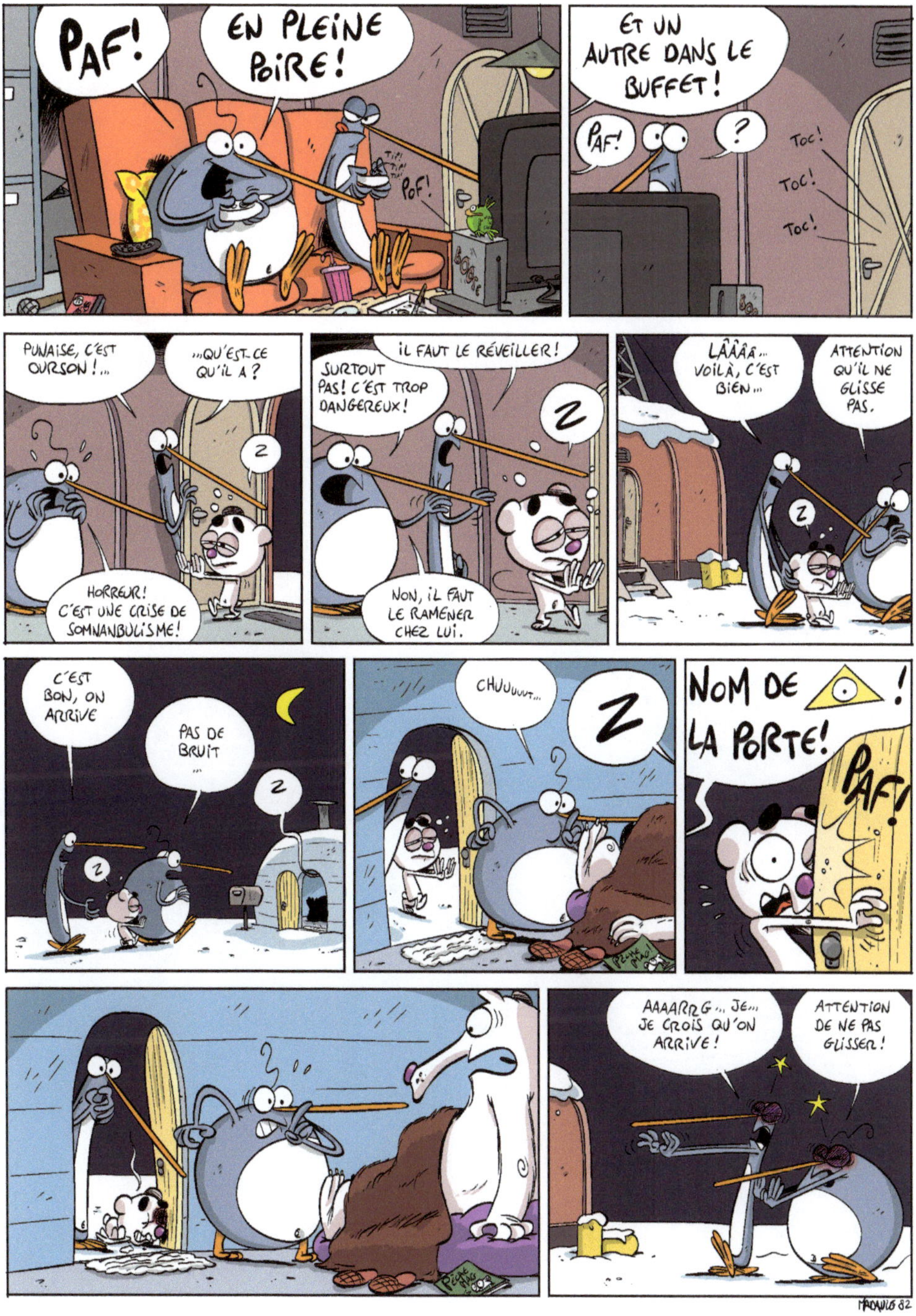

PAF!
EN PLEINE POIRE !
POF!
ET UN AUTRE DANS LE BUFFET !
PAF!
?
Toc!
Toc!
Toc!
PUNAISE, C'EST OURSON !...
...QU'EST-CE QU'IL A ?
Z
HORREUR ! C'EST UNE CRISE DE SOMNANBULISME !
IL FAUT LE RÉVEILLER !
SURTOUT PAS ! C'EST TROP DANGEREUX !
Z
NON, IL FAUT LE RAMENER CHEZ LUI.
LÂÂÂÂ... VOILÀ, C'EST BIEN...
ATTENTION QU'IL NE GLISSE PAS.
Z
C'EST BON, ON ARRIVE
PAS DE BRUIT ...
Z
Z
CHUUUUUT...
Z
NOM DE !
LA PORTE !
PAF!
AAAARRG... JE... JE CROIS QU'ON ARRIVE !
ATTENTION DE NE PAS GLISSER !

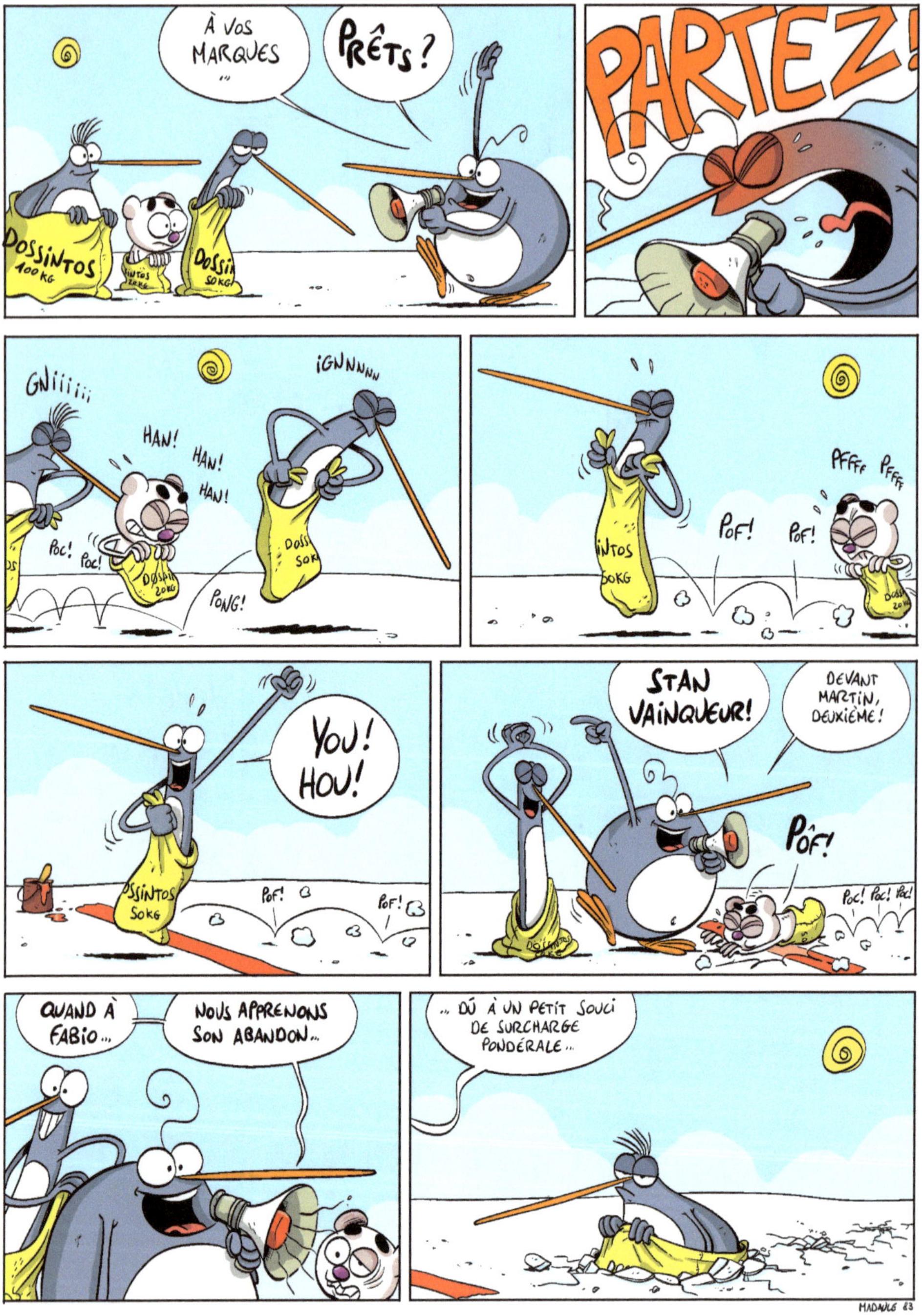
À VOS MARQUES ...
PRÊTS ?
DOSSINTOS 100 KG
PARTEZ !
GNiiiii
HAN! HAN! HAN!
¡GNNNNN
POC! POC!
PONG!
PFFFF PFFFF
POF! POF!
YOU! HOU!
DOSSINTOS 50KG
POF! POF!
STAN VAINQUEUR!
DEVANT MARTIN, DEUXIÈME !
PÔF!
POC! POC! POC!
QUAND À FABIO...
NOUS APPRENONS SON ABANDON...
... DÛ À UN PETIT SOUCI DE SURCHARGE PONDÉRALE...

"Givrés"

Un document exclusif ! La genèse des **"Givrés"**, depuis les premières moutures jusqu'aux… **"Cramés"**, avec des documents rares.
Plus deux mini-récits… à lire en grand.

Un e-Book à télécharger gratuitement sur la page www.sandawe.com/fr/bonus.

Indiquez le mot de code (en majuscules) : BANQUISE

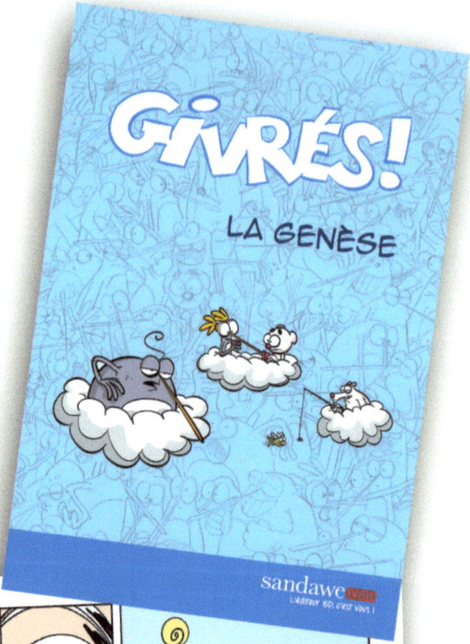
GIVRÉS!
LA GENÈSE
sandawe

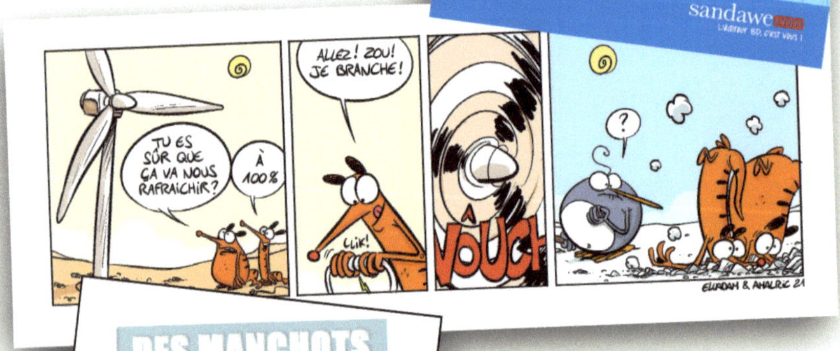
TU ES SÛR QUE ÇA VA NOUS RAFRAICHIR ?
À 100 %
ALLEZ ! ZOU ! JE BRANCHE !
CLIK !
VOUCH
?

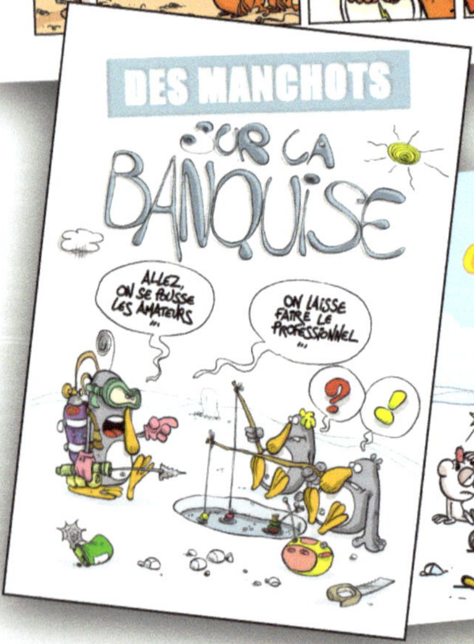
DES MANCHOTS
SUR LA BANQUISE
ALLEZ, ON SE POUSSE LES AMATEURS
ON LAISSE FAIRE LE PROFESSIONNEL
?
!

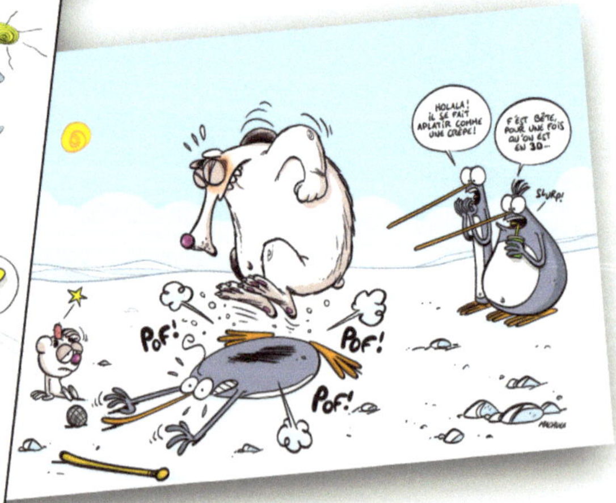
HOLALA ! IL SE FAIT APLATIR COMME UNE CRÊPE !
C'EST BÊTE, POUR UNE FOIS QU'ON EST EN 3D…
SLURP !
POF !
POF !
POF !

AIDEZ DES AUTEURS À ÉDITER AUTREMENT ET RECEVEZ PLEIN DE CADEAUX !

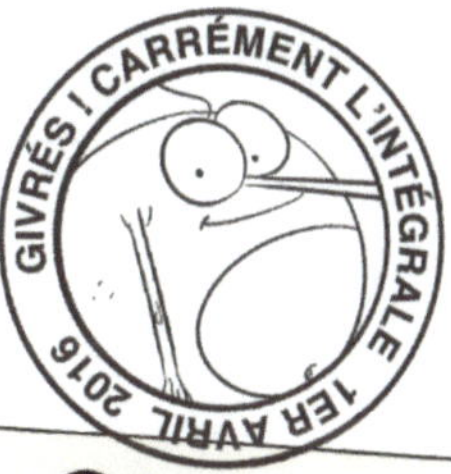
GIVRÉS ! CARRÉMENT L'INTÉGRALE
1ER AVRIL 2016

"Les Givrés – Carrément l'intégrale" a été financé par des internautes, comme la majorité des livres édités par Sandawe. Vous pouvez dès à présent soutenir d'autres projets, les recevoir ainsi qu'une foule de "collectors".

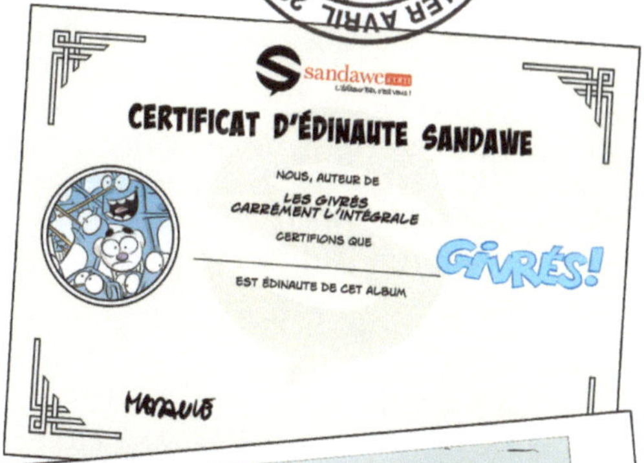
sandawe.com
CERTIFICAT D'ÉDINAUTE SANDAWE
NOUS, AUTEUR DE
LES GIVRÉS CARRÉMENT L'INTÉGRALE
CERTIFIONS QUE
EST ÉDINAUTE DE CET ALBUM
GIVRÉS!
MADAULE

COMMENT ÇA MARCHE ?

1 Vous choisissez sur le site **sandawe.com** les projets qui vous plaisent.

2 Vous les soutenez financièrement à partir de 10 €, devenant alors leurs édinautes ("éditeurs internautes"). Vous participez ainsi à la naissance de nouveaux livres et à l'émergence de talents.

3 Vous dialoguez avec les auteurs, vous suivez l'évolution de la création de l'oeuvre et vous en découvrez les secrets.

4 Lorsque le projet est financé, vous recevez un exemplaire et des collectors.

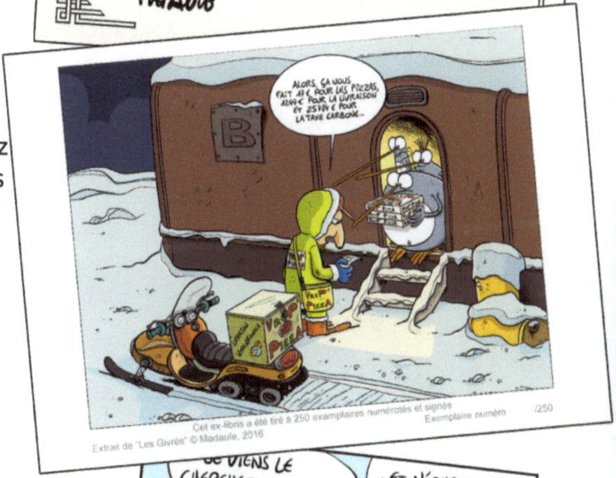
ALORS, ÇA VOUS
LA TAXE CARBONE...
Cet ex-libris a été tiré à 250 exemplaires numérotés et signés
Exemplaire numéro /250
Extrait de "Les Givrés" © Madaule, 2016

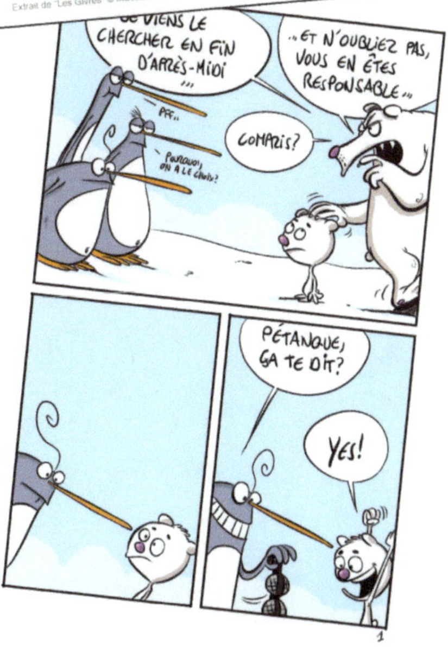
VIENS LE CHERCHER EN FIN D'APRÈS-MIDI ...
... ET N'OUBLIEZ PAS, VOUS EN ÊTES RESPONSABLE...
PFF...
COMPRIS ?
PÉTANQUE, ÇA TE DIT ?
YES!
1

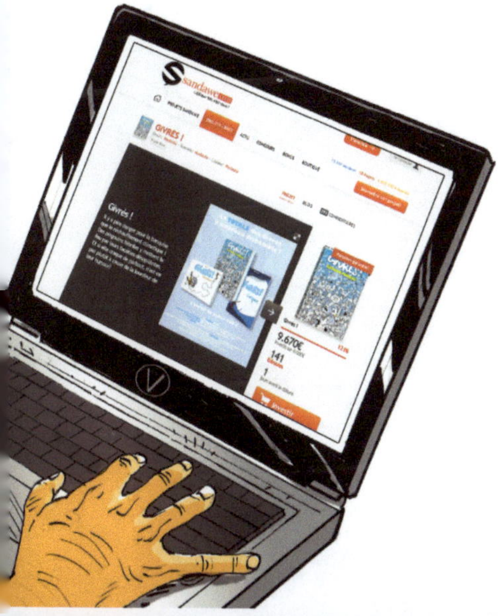
sandawe.com
GIVRÉS !
Givrés !
9.670€
141

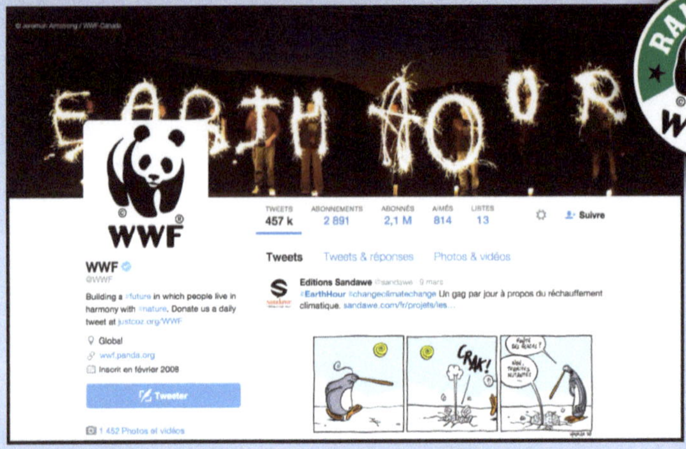
EARTH HOUR
WWF
TWEETS 457 k
ABONNEMENTS 2 891
ABONNÉS 2,1 M
AIMÉS 814
LISTES 13
Suivre
Tweets
Tweets & réponses
Photos & vidéos
WWF
@WWF
Building a #future in which people live in harmony with #nature. Donate us a daily tweet at justcoz.org/WWF
Global
wwf.panda.org
Inscrit en février 2008
Tweeter
1 452 Photos et vidéos
Editions Sandawe @sandawe · 9 mars
#EarthHour #changeclimatechange Un gag par jour à propos du réchauffement climatique. sandawe.com/fr/projets/les...
CRAK!

A l'occasion de la Earth Hour, organisée par le World Wildlife Fund, les « Givrés » ont, pendant plus d'un mois, animé les réseaux sociaux par leurs délires en diffusant un gag par jour. Une façon bien sympathique de participer à une opération qui vise à faire prendre conscience des dérives de notre civilisation du gaspillage, ainsi que de ses conséquences pour la planète.

Le changement climatique est une réalité qui concerne de nombreuses espèces vivantes, dont les humains font partie. L'augmentation de phénomènes naturels extrêmes tels sécheresses, vagues de chaleur, réchauffement et hausse du niveau des océans ne sont que quelques exemples des effets du changement climatique aujourd'hui. Il n'y a plus de temps à perdre si nous voulons freiner ce phénomène. Le WWF travaille à cet effet dans le monde entier, en promouvant les énergies renouvelables, en combattant la déforestation et en faisant pression sur les entreprises et les politiques.

Vous souhaitez en apprendre plus ? Rendez-vous sur **www.rangerclub.be** !

Liens utiles

http://www.wwf.fr
http://www.wwf.be/fr
http://earthhour.fr

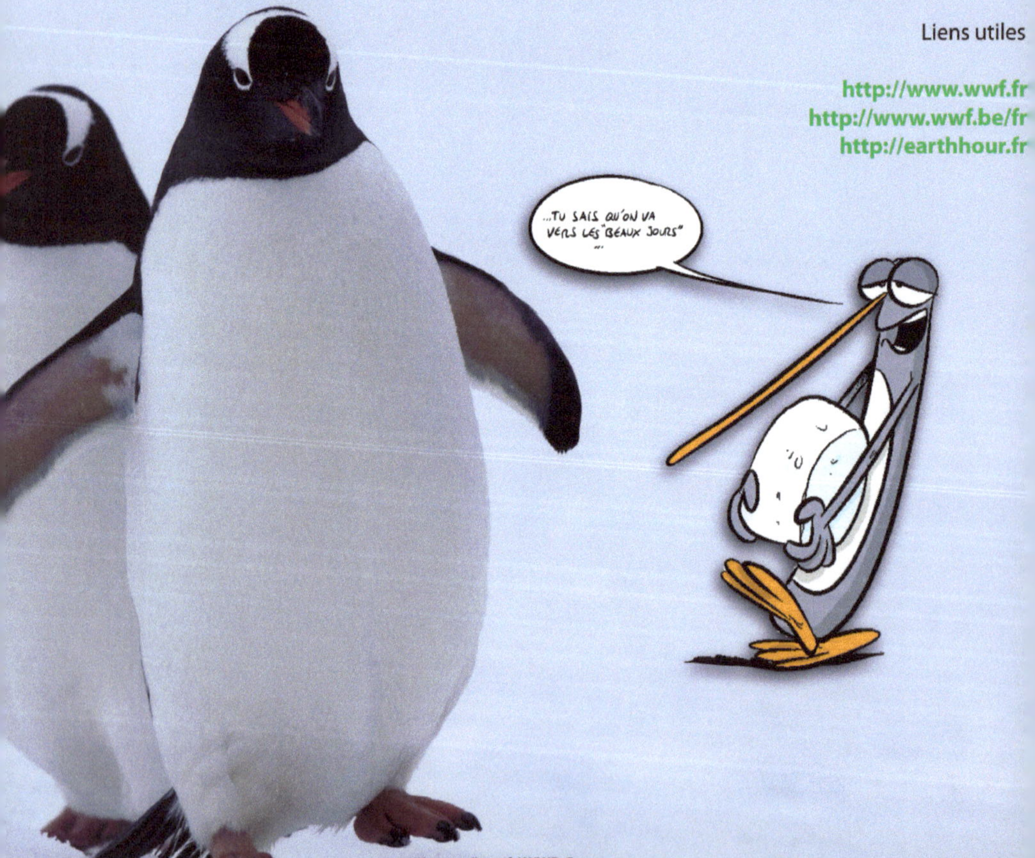
...TU SAIS QU'ON VA VERS LES "BEAUX JOURS" ...

© Wim van Passel / WWF-Canon

www.ingramcontent.com/pod-product-compliance
Lightning Source LLC
Chambersburg PA
CBHW041800040426
42447CB00005B/277